Die Alignements von Carnac

Neolithische Tempel

Jean-Pierre Mohen
Chefkonservator

Die Alignements von Carnac gehören zu den spektakulärsten Megalithen der Welt. Dreitausend Monolithen, die vor 6000 Jahren aufgestellt wurden, fügen sich seit der Vorgeschichte in die bretonische Landschaft ein. Im Laufe der Jahrhunderte sind um die historische Stätte zahlreiche Legenden entstanden. Es handelt sich um Versuche, die Herkunft der Monolithen mit Hilfe von Folklore und biblischer Geschichte zu verstehen und zu interpretieren.

Heutzutage belächelt man die Mythen, die Carnac umgeben. Sie ermöglichen jedenfalls nicht, die Beweggründe der Erbauer zu verstehen. Am Ende des 19. Jahrhunderts hat eine neue Ära begonnen, als Jacques Boucher de Perthes die Vorgeschichte begründete, indem er den weit zurückliegenden Ursprung des Menschen aufzeigte. Daraufhin wurden zahlreiche archäologische Studien durchgeführt, die es heute ermöglichen, Anregungen zur Erklärung vorzuschlagen.

Obwohl sie die bekanntesten sind, sind die Alignements von Carnac – sowie die neolithische Gesellschaft, die sie errichtet und benutzt hat – auch heute noch geheimnisumwoben. Dieser Teil der drei großen Menhirfelder von Kerlescan, Kermario und Le Menec fasziniert den Besucher.

Die Legende des heiligen Cornély

Doppelte vorige Seite
Die Kinder von Carnac erwarteten zu Beginn des 20. Jahrhunderts die ersten Touristen und sangen für sie die Legende der Alignements.

In den 50-iger und 60-iger Jahren sagten die Kinder die Legende des Menhirs♦ noch in folgenden Worten auf: „Alle diese Steine gehörten früher zu einem alten gallischen Friedhof. Für jeden Toten, den es gab, stellte man einen Stein auf; wenn er reich gewesen war, stellte man einen großen auf, wenn er arm gewesen war, einen kleinen ..."
Eine andere Legende, die durch eine alte Tradition aus dem 18. Jh. überliefert worden ist, schildert die Geschichte des heiligen Cornély, der im 3. Jh. Papst war: der Heilige, „der von heidnischen Soldaten bis an die Gestade des Atlantiks verfolgt wurde und kein Schiff fand, um sich zu retten, drehte sich um und verwandelte alle Soldaten in Steine". Eine Abwandlung dieser Legende besagt, dass sich der Heilige im Ohr eines Rindes versteckt habe. Er habe, um dem Tier für seine Rettung vor den römischen Soldaten zu danken, den Stierkult eingeführt. Die Kirche von Carnac, die ihm im Jahre 1639 geweiht wurde, sowie mehrere Kirchen des Morbihan sind mit Steindarstellungen des heiligen Cornély und seinen Stieren geschmückt. War der Rinder- oder Stierkult mit der megalithischen Stätte verknüpft? Einige verblüffende Entdeckungen könnten dies vermuten lassen, insbesondere die beiden Stiere mit langen, leierförmigen Hörnern, die auf die

♦Menhir:
Steinsäule
Die „Celtomanen" setzen in den letzten Jahren des 18. Jahrhunderts das Wort menhir oder minhir durch, um einen langen aufgerichteten Stein zu bezeichnen. Don Grégoire de Rostrenen veröffentlicht 1732 ein Wörterbuch, das für das Wort Pfeiler folgende Entsprechungen angibt: peulvan, (Steinsäule auf bretonisch) men hir und men sao (aufgerichtete Steine). Menhire können allein stehen oder Steinreihen oder Kreise bilden.

Der Stier mit großen Hörnern des heiligen Cornély auf dem Portal der Kirche von Malestroit (Morbihan).

Deckplatte des Dolmen von Gavrinis eingepickt sind. Der Stier symbolisiert ja das männliche Prinzip und die agrarische Fruchtbarkeit. Er nahm in den neolithischen Religionen des Vorderen Orients, Zentraleuropas und des Mittelmeerraumes neben der „Magna Mater" einen wichtigen Platz ein. Die kontinuierliche Überlieferung dieses Kultes seit 6 000 Jahren bis in die heutige Zeit und über die Christianisierung hinaus ist jedoch nicht vollkommen bewiesen.

Der Heilige Cornély auf der Fassade der Kirche von Carnac, wie er vor Alignements stehend und von seinen Stieren flankiert die Gläubigen segnet.

Der Stier mit langen Hörnern, eingepickt auf einer Deckplatte des Dolmen von Gravinis, schmückte ursprünglich (um 4300 v. Chr.) einen Riesenmenhir in Locmariaquer. Ist die megalithische Macht, im Besonderen die der Steinsäulen, bereits seit neolithischer Zeit mit der Kraft des Stieres verbunden worden?

Links nebenstehend **Die Steine kamen gelaufen**. Die Holzgravur von P. Philippoteaux illustriert die bretonische Legende „Der Stein mit den Schätzen" (Légendes et Récits de Mme de Witt, Paris, 1889).

Rechts nebenstehend und unten **Tanz der Feen im Mondenschein und Prozession der Priester** in den Alignements von Carnac. Gravuren aus *La Création de l'Homme* von Henri du Cleuziou, 1887.

♦***Alignement:*** *Menhirreihe; der Ausdruck ist in Bezug auf Carnac in das Gebrauchsvokabular übergegangen. Die großen historischen Stätten von Carnac besitzen mehrere Alignements nebeneinander, die meistens parallel sind und mit einer oder mehreren Einfriedungen in Verbindung stehen.*

Rechte Seite **Ossian**, der legendäre Dichter der megalithischen Druiden mit seinen Kreaturen, Malerei von Yan' Dargent (Privatsammlung).

Sagen und Volksglauben

Die Alignements♦ von Carnac regen die Phantasie an. Unter den Legenden, die der Archäologe Zacharie Le Rouzic Anfang dieses Jahrhunderts zusammengetragen hat, stellen mehrere die Monolithen als lebende Wesen oder als Hüter eines Geheimnisses dar. So soll zu ihren Füßen ein Schatz begraben gewesen sein, dessen Schändung den Tod zur Folge gehabt hätte. In einem 1909 erschienenen Werk über die Sagen der Gegend von Carnac überliefert Le Rouzic Folgendes: „Der alte Galudec, den man auch Moh tu nannte, stieß eines Tages einen der großen Steine des Kopfes des Ménec herunter, um den Schatz zu heben; aber als der Stein umfiel, war der Schatz verschwunden!" Weiter unten schildert Le Rouzic den durch seine Größe bemerkenswerten Menhir von Krifol, „Minour Krifol" genannt, der sich im Norden des Alignements des Ménec befindet: Er sei ein junger,

 | *Von oben nach unten*
Die Alignements des Ménec. Diese Gravur zeigt die parallele Anordnung und im Vordergrund den Kromlech im Halbkreis.

Die Menhire von Carnac bewegen sich einmal im Jahr in der Weihnachtsnacht fort, um zu trinken, Gravur von Méaullenach Chifflar.

versteinerter Mann. Einziger Sohn seiner Eltern und sehr reich, habe er all sein Geld unsinnig ausgegeben, woraufhin Gott ihn in einen Menhir verwandelt habe und seine Seele verurteilt habe, um den Stein zu kreisen. Die Klagen des jungen Mannes sollen noch lange um den „Mânni Krifol" herum zu hören gewesen sein. Einer Variante zufolge sei Minour Krifol mit einer reichen Erbin verlobt gewesen, die sich gefürchtet habe, als sie ihn eines Nachts in seiner Form als Menhir entdeckt habe. In anderen Überlieferungen sei einer der Soldaten, die den heiligen Cornély verfolgt hatten, in dem Dorf Kerlann zurückgeblieben, um Milch zu trinken. Bevor er wieder zu seinen Gefährten habe stoßen können, sei er von dem Heiligen versteinert worden.

Die mythischen Gestalten können ebenfalls die Form von Feen und Zwergen annehmen, die Kerrionen oder Korriganen genannt werden. Die Korriganen sind sehr stark und leben in den Vertiefungen der Dolmen, die sie zu versetzen im

Stande sind. Ihre Zauberernatur offenbart sich am Tage des Sabbats.

Dieser Volksglauben zeugt von dem Wunsch, die aufrecht stehenden Steine zu erklären. Man ahnte, dass diese „Phänomene"

eine Bedeutung beinhalteten, die man zu interpretieren nicht fähig war, und brachte sie in Verbindung mit dem Wunderbaren, dem Heiligen. Dank dieses Interesses und dieses Respekts sind die Megalithen erhalten und gerettet worden. Abgesehen davon gehen die außerordentlichsten Interpretationen auf eine Eingebung zurück, deren Richtigkeit die Wissenschaft heute bestätigt.

Caesars versteinerte Armee, Interpretation der Linien des Menec. Tuschezeichnung von F. Debret (Paris, bibliothèque des Arts décoratifs).

A

Vorige Doppelseite **Die Größe der Menhire ist übertrieben**, Titelseite des Aufsatzes *Essai sur des monuments armoricains ...* des Grafen Maudet de Penhouët, 1805.

Die Gelehrten interessieren sich für die Menhire

Der Marquis von Robien, nach dem Frontispiz seines Manuskripts *Description historique, topographique et naturelle de l'ancienne Armorique, 1756* (Stadtbibliothek Rennes).

Mitte des 18. Jh. beginnen die Menhirreihen die Aufmerksamkeit der Gelehrten zu erwecken. Der Marquis Christophe Paul de Robien (Gerichtspräsident am Parlement de Bretagne) fertigt die erste Zeichnung der steinernen Säulen von Kermario an. Er stellt die Hypothese auf, dass es sich um Grabstelen handele, neigt jedoch auch dazu, der Deutung von F. de La Sauvagère, dem königlichen Chefingenieur für Bauwesen in Port-Louis beizupflichten, der in den Alignements Überreste des Militärlagers sieht, das Caesar errichtet hatte, als er in die Bretagne gekommen war, um die Veneter zu besiegen. La Sauvagère erstellt einen Plan, dem zufolge jede Menhirreihe von der nächsten durch einen relativ regelmäßigen Abstand getrennt ist. Die Abstände betragen drei Klafter drei Fuß bis sechs Klafter (ein Klafter entspricht sechs Fuß, d.h. fast zwei Meter). Innerhalb der Reihen beträgt die Entfernung der Steine voneinander achtzehn, zwanzig oder fünfundzwanzig Fuß. Der Ingenieur hat die Megalithen auch gezählt – über Viertausend! – und hat versucht ihr Gewicht zu berechnen: „Ich habe einige berechnet, die über 80 Tonnen wiegen müssen", schreibt er. Jacques de Cambry lässt sich in seinem 1805 erschienenen Werk über die Welt der Kelten darstellen, wie er eine kleine Gruppe von Vermessungsfachleuten leitet, die die steinernen Säulen messen. Diese Gravur, die die Menhire in übertriebener Größe darstellt, mahnt zu Skepsis bezüglich des Gebrauchs, den Cambry von seinen Zahlenangaben machte. Der englische Vermessungsingenieur Vicars erstellt 1832 den ersten korrekten Plan von Carnac.

Die von Prosper Mérimée empfohlene wissenschaftliche Methode setzt sich zwischen 1864 und 1872 durch, als die Engländer Lukis und Dryden von den

Rechte Seite **Sie sind doch gemessen worden!** Gravur *Monumens* [sic] *celtiques ou Recherches sur le culte des pierres* von Jacques de Cambry, 1805.

Alignements genaue Pläne anfertigen. Die Aufzeichnungen sind um so wertvoller, als sie aus der Zeit vor der Wiederaufrichtung der Säulen stammen, als diese noch am Boden lagen. Die Dokumente werden in Guernesey, London und Oxford aufbewahrt. 1873 wird Henri du Cleuziou eine offizielle Mission anvertraut, für die er Parallelperspektiven und Querschnitte von Carnac anfertigt. Er erstellt ein Luftbild von Kerlescan und veröffentlicht es in einem der ersten populärwissenschaftlichen Bücher *La Création de l'Homme*. Die räumliche Anordnung wird darin genauestens wiedergegeben. Der Kommandant A. Devoir überprüft diese Anordnung zwischen 1906 und 1909 mit dem britischen Astronomen Sir Norman Lockyer ebenfalls in Hinsicht

„Steinhieroglyphen". Der Graf von Caylus, einer der Begründer der Archäologie in Frankreich, zeichnet die Menhire des Ménec in ihren genau gemessenen elf Reihen. Er sieht darin einen zu entziffernden Code, um 1764.

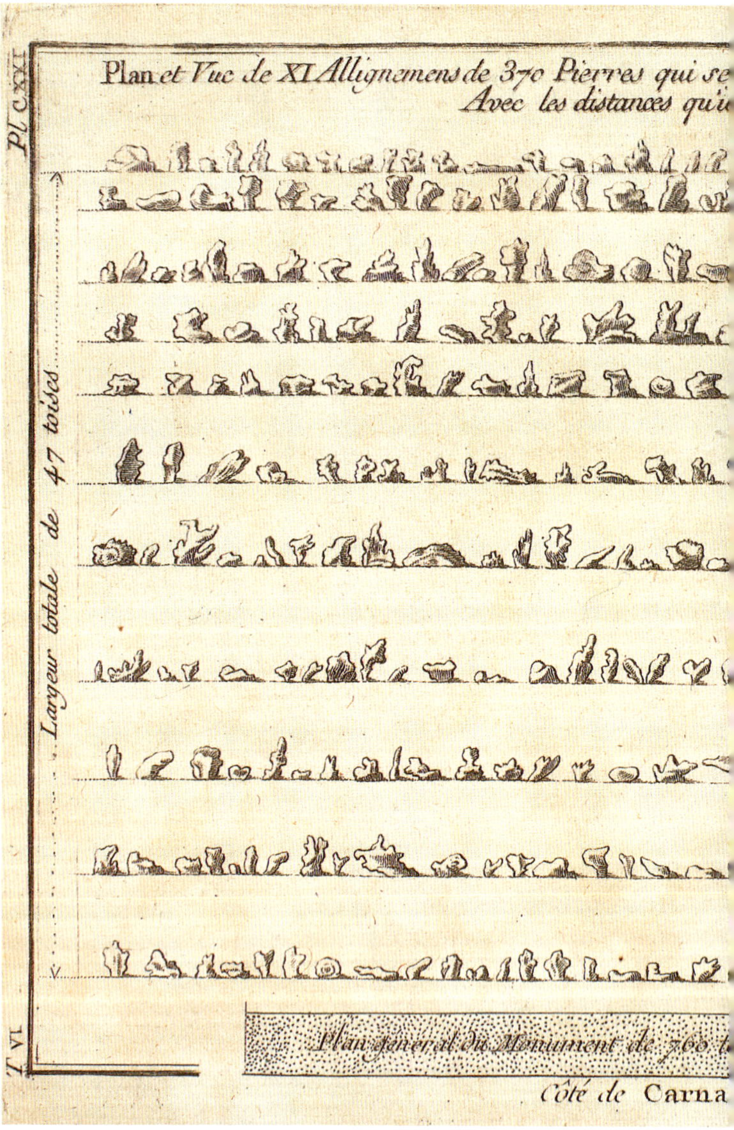

auf ihre Orientierungen zur Sonne, im Besonderen die Orientierung der Achse, die den Beobachter mit dem Punkt verbindet, an dem zur Sommersonnenwende am Horizont die Sonne aufgeht. Die Anfänge der Maß- und Gewichtskunde – der Metrologie – markieren 1904 die Forschungen des Polytechnikers R. Kerviler.

Am Ende des 19. Jh. folgen den ersten Inventaren, die man besonders Gabriel und Adrien de Mortillet verdankt, mehrere Photoserien der Megalithen. Über 1200 Postkarten von bretonischen Megalithen sind zwischen 1900 und 1926 veröffentlicht worden! Diese objektiven Darstellungen zeugen davon, wie sich die Steinsäulen in die ländliche Landschaft dieser Zeit einpassten.

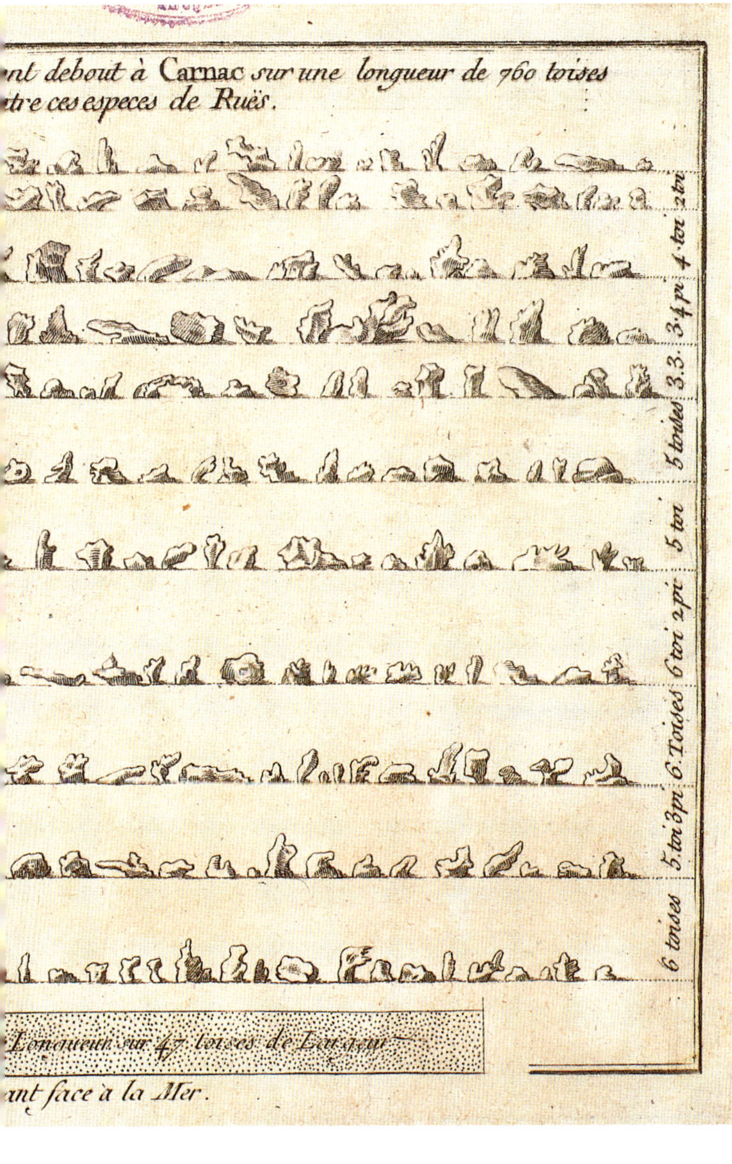

Megalithomania und Keltomanie

William Stukeley, 1726.

In dem 1982 erschienenen Buch *Megalithomania* nennt John Michell „Megalithomanie" die Tatsache, die „monströse Größe" der Steine anhand seltsamer Hypothesen zu erklären. Die meisten von ihnen beziehen sich auf die Kelten, die lange Zeit als die Erbauer der Megalithen angesehen wurden. In seinem Buch über die Welt der Kelten präsentiert Jacques de Cambry, der erste Präsident einer keltischen Akademie, die von 1804 bis 1813 bestanden hat, die Megalithen als keltische „Tempel". Er lässt sich von den romantischen Gedichten inspirieren, die der Dichter James Macpherson (1736-1796) dem irischen Pseudobarden Ossian zugeschriben hat, und kann somit in die nationalistische Bewegung der französischen Revolution eingeordnet werden, die sich seit dem 1. Kaiserreich entwickelt hat.

Rechte Seite und nächste Doppelseite **Druiden**. Gravur aus *La Création de l'Homme, op. cit.* und Photographie des Druiden Ménez-Hom (Bretagne) von Le Doaré, um 1912.

Die Druiden, die sich noch heute in England und Frankreich, besonders in Stonehenge, anlässlich der Sommersonnenwende zu Zeremonien zu Ehren der Sonne zusammenfinden, sind die Erben dieser „druidischen Bewegungen".

Andere Doktrinen beziehen sich auf Caesars Werk „Der gallische Krieg", das immer noch unsere Hauptinformationsquelle bezüglich der gallischen Druiden des 1. Jh., v. Chr. bleibt. William Stukeley, englischer „Antiquar" – oder Gelehrter – des 18. Jh. und seine Schüler haben eine dieser Theorien aufgestellt: Stukeley versucht, die geistlichen Botschaften der christlichen und jüdischen Religion denen des Druidismus anzunähern. Er praktiziert die „Ophiolatrie" aus dem griechischen *ophis*, den Schlangenkult, deren Form er in den gewundenen Linien der Alignements der Menhire erkennen will, und ganz besonders in denen von Avebury in England. Ihm zufolge erkläre sich dadurch die megalithische Religion, der die Druiden vorständen. Ein „druidischer" Orden wird 1781 von Henry Hurle gegründet, der Stukeley nahe steht. Seit 1836 bezieht Prosper Mérimée, Generalinspektor des Denkmalschutzes, Position gegen die Mitglieder der Schlangensekte. In seinem 1847 erschienenen *Par les champs et les grèves* verspottet Gustave Flaubert alle diese Hirngespinste : „[…] wenn man mich nach so vielen Meinungsäußerungen fragte, wie ich darüber denke, würde ich einen unwiderlegbaren, unabweislichen, unwiderstehlichen Standpunkt darlegen […]. Und hier ist dieser Standpunkt: diese Steine von Carnac sind dicke Steine!"

Die Pioniere der Archäologie

James Miln und Zacharie Le Rouzic. Diese großen Archäologen sind für die Prospektionen, Ausgrabungen und den Schutz der Megalithen verantwortlich, Ölgemälde (Carnac, Vorgeschichtliches Museum).

Rechte Seite **Die drei Freunde**, von links nach rechts, Keller, Le Rouzic und d'Ault du Mesnil, vor dem Eingang der Galerie ins Innere des Tumulus Saint Michel (Carnac, Vorgeschichtliches Museum).

♦***Dolmen:*** *aus Steinplatten gebaute Grabkammer, die wie ein Tisch aussieht. Der Ausdruck Tolmaen steht in einer Urkunde des Kartulars aus Landevennec. Th.-M. Corret de Kerbeauffret de La Tour d'Auvergne gebraucht 1796 das Wort dolmin, das 1799 bei Legrand d'Aussi zu dolmine wird und bei Jacques de Cambry 1805 zu dolmen.*

Die Menhire von Kermario

Von Oktober 1877 bis April 1878 hat James Miln, ein von Archäologie begeisterter schottischer Reisender, Grabungen in den Alignements von Kermario durchgeführt. Als Vorläufer der modernen Archäologie schreibt er die Herkunft der ausgegrabenen Reste auf, hält alle Beobachtungen schriftlich fest und veröffentlicht sie 1881. Besondere Aufmerksamkeit widmet er gallo-römischen Scherben, die ihm zufolge für die Hypothese des Militärlagers sprechen. Er unterscheidet jedoch klar das römische Niveau von dem viel älteren der Menhirverkeilungen. Die Menhire werden nacheinander genau beschrieben. Die Humusschicht, die die Verkeilungen umgibt, ist mehr oder minder dick. Sie ist reich an Holzkohle, Fragmenten von Mahlsteinen, Moletten, Schlagsteinen, Steinäxten und anderen geschliffenen Steinen sowie Scherben, die „keltisch" genannt werden, und Feuersteinen (Klingen, Kratzer, Pfeilhalterungen).

Der Dolmen von Lann-Mané-Kermario

In dem Dolmen♦ am südwestlichen Ende der Alignements von Kermario hat Miln braune „keltische" Scherben und eine vom Feuer geschwärzte Dioritaxt gefunden. Er hat vor allem einen kugelförmigen, geschliffenen Stein, ebenfalls aus Diorit, einen Schlagstein aus Quarz, Werkzeuge aus Schiefer, Feuersteine, einen Wetzstein aus Sandstein, einen Mahlstein aus Diorit und einen Schleifstein aus feinem Granit zutage gebracht. Als erster schließt er daraus,

ENTREE
INTERDITE

Der Tumulus Saint-Michel in Carnac
Die Ausmaße der Grabungen, die Le Rouzic unternommen hat, werden auf dem Aquarell von Saint-Just Péquart deutlich. Die Genauigkeit der Zeichnungen der Grabkisten und der darin gefundenen Beigaben wie die Steinäxte zeigen die Qualität der Arbeit, die diese Pioniere geleistet haben (Vannes, Archäologisches Museum des Morbihan).

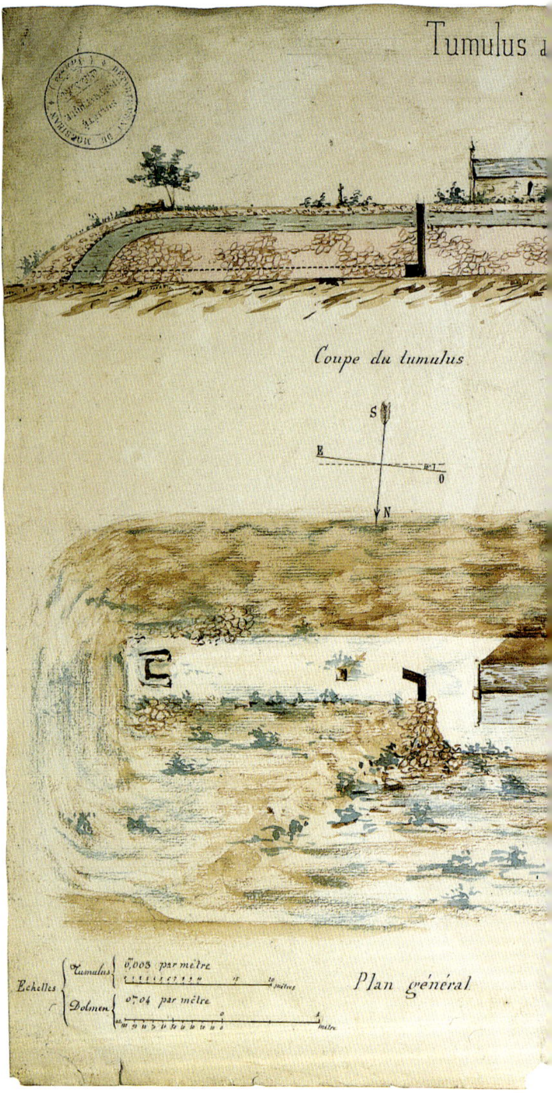

♦ ***Tumulus:*** *Grabmonument mit einer oder mehreren Grabstätten, das von einem Steinhügel bedeckt wird (auf bretonisch heißt er cairn), der den Steinkistengräbern oder Ganggräbern einen imposanten Aspekt verleiht. Das Wort „Carnac" weist zweifellos auf den großen Tumulus Saint-Michel hin, der 400 Meter nördlich der Kirche liegt.*

dass die Menhire der gleichen Zivilisation angehören wie die Dolmen: „Es ist wichtig", schreibt er, „hier zu bemerken, dass die hier aufgeführten Objekte denen ähneln, die soeben unter der Mauer des Hanges und unter den Menhiren gesammelt worden sind."

Tumuli und Riesenmenhir des Manio

Zacharie Le Rouzic, Saint-Just und Marthe Péquart führen 1922 und 1926 im Tumulus♦ des Manio zwei Grabungen durch. Sie beweisen, dass er älter ist als die Alignements von Kermario, die ihn überdecken. Bei der Aufrichtung eines Riesenmenhirs hatte man in zwei Steinkammern an seiner Basis Grabbeigaben niedergelegt. Sie bestanden aus verzierten Gefäßen im

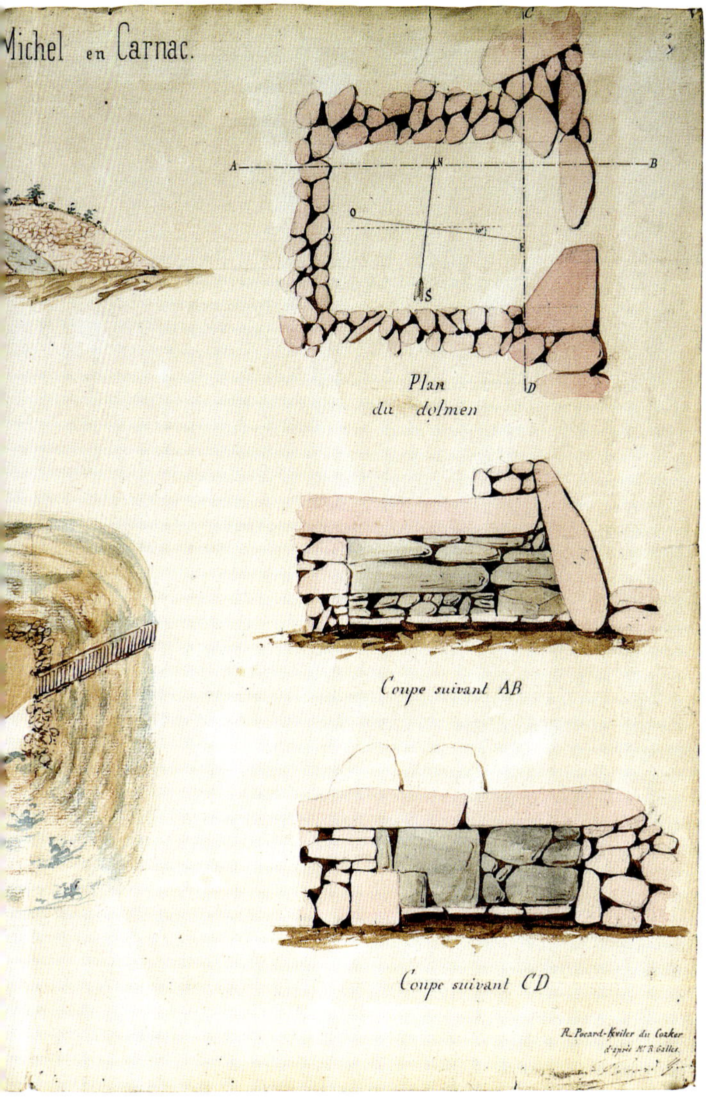

Castellic-Stil, scharfen Pfeilhalterungen aus Feuerstein und Getreidemahlsteinen, die meistens zerbrochen und angebrannt waren.

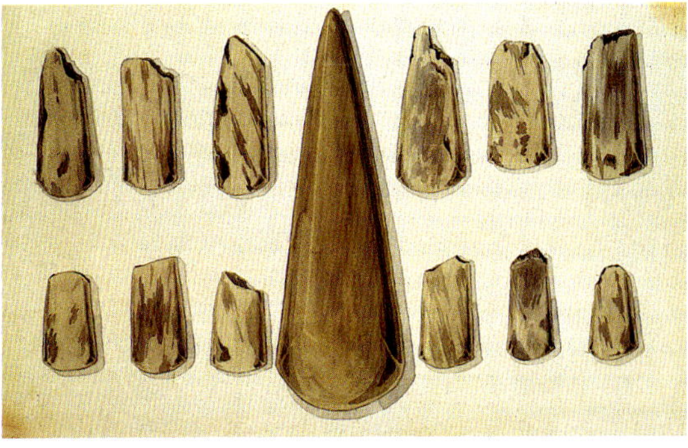

Die ersten Restaurierungen

Nachdem der Amateurarchäologe Félix Gaillard 1883 bis 1887 bereits eine bemerkenswerte Arbeit geleistet hatte, setzt Le Rouzic das Werk mit mehr Präzision fort. Er legt für jede Intervention eine Akte an und bringt eine rote Pastille am Fuße der wieder errichteten Menhire an. 1933 wird Le Rouzic zum ordentlichen Mitglied der Kommission für die Prähistorischen Bauten ernannt und widmet sich bis zu seinem Tod 1939

Die ursprüngliche Reihenfolge der Alignements wiederzufinden, indem man die umgefallenen Menhire wieder aufstellte: Das war das Ziel der ersten Restaurierungen. Um 1900 zeigen die zahlreichen Postkarten ein enormes menschliches Werk. Zeichnung (Paris, bibliothèque des Arts décoratifs).

der Restaurierung und Konsolidierung der Megalithen.

Entstehung des Museums und des touristischen Führers

Nach seinem Tod hinterließ James Miln eine Sammlung archäologischer Fundobjekte aus seinen Grabungen. Sie wurden in zwei Räumen des „Hôtel des Voyageurs" in Carnac, in dem er gewohnt hatte, aufbewahrt. 1882 wurde in Carnac ein Ausstellungsraum für diese wertvollen Zeugnisse gebaut und eingeweiht. Im gleichen Jahr erschien die erste Ausgabe des von Félix Gaillard illustrierten Führers *Guide et itinéraire illustré*.

Ein Bauwerk von nationaler Bedeutung

1830 führt der Staat eine wirkliche Denkmalschutzpolitik ein. 1837 wird Mérimée beauftragt, ein

Inventar der zu schützenden Monumente aufzustellen. Er bricht dann zu einer Rundreise durch Frankreich auf, der Carnac 1840 die erste Nennung seiner Megalithen auf einer „Klassifizierungsliste" der Baudenkmäler verdankt.
Ein staatliches Ankaufsprogramm wird verabschiedet und von 1882 bis 1889 fortgesetzt. Gaillard beschäftigt sich zwischen 1882 und 1883 insbesondere mit den Alignements des Ménec und Kermario. Mit Hilfe von Louis Cappé aus Carnac lässt er Alignements und Dolmen restaurieren und schreibt zwei Bücher: *L'Inventaire des monuments mégalithiques du Morbihan dans le périmètre des acquisitions de l'État* (1892) und *L'Astronomie préhistorique* (1895).
Die immer größer werdende Besucherzahl, die die Stabilität der Steinsäulen bedrohte, sowie das steigende Bewusstsein der kulturellen Bedeutung dieser Alignements haben den Staat zum Handeln bewegt. Er hat 1990 in Zusammenarbeit mit den Gebietskörperschaften ein neues Gestaltungsprogramm der historischen Stätte verwirklicht. Dieses Programm verbindet den Denkmalschutz mit einer pädagogischen Information für die Besucher und reguliert den Zugang zu den Stätten von Kermario, Kerlescan und des Menec.

Mérimée (1803-1870) ist einer der Ersten, die den architektonischen Wert der Alignements verstanden haben. Er begab sich vor Ort, um sich von ihrer Einzigartigkeit zu überzeugen, und realisierte diese Gouache (Privatsammlung).

Kind rittlings auf einem Menhir von Kermario, buntgemaltes Photo (Paris, bibliothèque des Arts décoratifs).

Seit 1900 stehen die Alignements von Carnac, des Ménec, von Kermario und von Kerlescan unter Denkmalschutz und werden restauriert. Die Vielfalt der Postkarten wird für die Touristen herausgegeben, die beginnen, in großer Zahl herbeizuströmen.

Diese Photographien sind wertvolle Zeugen des Zustandes der Monolithen. Das entwaldete Gelände ähnelt wahrscheinlich stärker dem landwirtschaftlich geprägten Erscheinungsbild der neolithischen Zeit als die heutige Landschaft.

Neolithisches Haus. Nachbildung eines der vier Gebäude, deren Reste man in der Grabungsstätte La Hersonnais in Pléchâtel (Ille-et-Vilaine) gefunden hat.

Polierte Steinäxte (Jadeit, Dolerit und später Silex). Als Votivgegenstände oder als Anhänger umgearbeitet konnten sie einen Schatz wie den von Arzon im Morbihan (nachstehend Saint-Germain-en-Laye, Musée des Antiquités nationales) bilden oder als Opfergabe in den Kammern der Dolmen niedergelegt werden. (unten, Vannes, Archäologisches Museum des Morbihan).

Rechte Seite **Auf den Dolmen von Gavrinis** eingepickte Äxte.

Die Megalithen und die neolithische Zeit

Vor 18 000 Jahren, nach den letzten langen Kälteperioden der Vorgeschichte, erwärmt sich das Klima, das Eis schmilzt und der Meeresspiegel steigt an. In der Bucht von Quiberon liegt dieses Niveau 4 000 Jahre v. Chr. noch 5 oder 6 Meter unter dem heutigen: der Golf des Morbihan liegt noch nicht unter Wasser. Gavrinis ist keine Insel sondern ein Hügel. Die Gegend um Carnac, damals Agrarland, wird bebaut oder als Weideland genutzt. Die meisten Bäume werden gefällt.

Erste Bauern: vom Vorderen Orient in die Bretagne

Ackerbau und Viehzucht, die im Vorderen Orient gegen 8 000 v. Chr. aufgetaucht sind, definieren die neolithische, im wesentlichen bäuerliche Lebensart. Im Westen Frankreichs kennzeichnen Weizen, Gerste und Schafzucht, die in der Region unbekannt sind (sie stammen aus dem Vorderen Orient) die neue produzierende Wirtschaftsweise. Der Mensch wird sesshaft und baut Dörfer. Der Grundriss der Häuser stellt, den Resten aus dem Pariser Becken nach zu urteilen, ein langes Rechteck dar. Sie sind aus Holz und Strohlehm gebaut, mit Schilf gedeckt und können mehrere Familien beherbergen. Die Bevölkerung betreibt Landwirtschaft auf Brandrodung, die den Boden schnell auslaugt. So werden dem Wald

Die Suche nach alten Bäumen von Kalifornien bis in die Alpen hat es ermöglicht, dank des Vergleichs der Abfolgen der Jahresringe eine eine absolute Chronologie zu erstellen. Sie geht bis auf 10 000 Jahre zurück und ergänzt bzw. korrigiert die C14-Datierung, da die Radioaktivität im Laufe der Zeit nicht immer gleich gewesen ist.

regelmäßig neue Flächen abgerungen. Die Neolithisierung rückte vom östlichen Mittelmeerraum nach Westen und Nordwesten vor und von Anatolien und dem Balkan nach Westen und Norden. Es scheint, dass die neolithischen Gesellschaften im Westen am Meer zum Stillstand gekommen sind: Sonst wären andere Bräuche und andere soziale Riten eingeführt worden, besonders der Ahnenkult, der den Landbesitz und die Vererbung der Felder (die durch Düngungs- oder Brachesysteme bereichert wurden) legitimisiert.
Die Originalität dieser westlichen Gesellschaften, die den Raum am Atlantik zwischen 5 000 und 2 500 v. Chr. bevölkerten, liegt in ihren Megalithen, die religiöse Bauwerke waren. Die Alignements von Carnac, Erdeven, Quiberon und Locmariaquer gehören zu den spektakulärsten Vertretern dieser Monumente. Sie sind vor nun 6 000 Jahren errichtet worden.

Die Datierungsmethoden

Die Entwicklung der objektiven Datierungsmethoden im Labor ist spektakulär. Diese Methoden haben es ermöglicht, die großen Phasen des Neolithikums, der

Zeit der Errichtung der Alignements, zu datieren. Die Überschneidung der unterschiedlichen Methoden begründet den chronologischen Maßstab, mit dem die Wissenschaftler arbeiten. Die Dolmen von Carnac konnten dank vor Ort gefundener Holzkohle mit der 14C-Methode datiert werden. Die Messergebnisse wurden von der Dendrochronologie bestätigt. Durch Thermolumineszenz datierte Tonscherben aus den Dolmen bestätigten die Daten ebenfalls. So kann man heute mit Sicherheit behaupten, dass die Alignements nicht in die Zeit um 2 000 v. Chr. zurückgehen, wie man früher geglaubt hatte, sondern in der Zeit um 4 000 v. Chr. erbaut worden sind.

Das Prinzip des Kohlenstoffs 14 (^{14}C) besteht darin, die Konzentration an radioaktiven Stoffen des Isotops ^{14}C zu messen, das von den lebenden Pflanzen (Holzkohle) oder den Tieren (Knochen und Muscheln) aufgenommen wird, um sich dann, in 5730 Jahren um die Hälfte zu zersetzen (Dauer, die dem halben Zyklus der Radioaktivität des Kohlenstoffs 14 entspricht). Der Kohlenstoff 14-Gehalt einer Probeentnahme ermöglicht es, die Zeitdauer zu messen, die zwischen der Analyse und dem Tod des Organismus abgelaufen ist.

Die Dendrochronologie basiert auf dem Abzählen der Jahresringe von altem Holz, die je nach den Jahren mehr oder weniger regelmäßig sind. Die dendrochronologischen Skalen gehen bis in die neolithische Zeit zurück. Sie erlauben es, die ^{14}C-Datierungen für Zeitspannen, in denen ihre Radioaktivität nicht sehr regelmäßig war, genauer zu bestimmen und manchmal zu korrigieren.

Eine dritte Methode, die Thermolumineszenz, wird mehr und mehr für die neolithische Zeit angewandt: sie datiert die Lumineszenz, die die Kristalle eines Gesteins oder einer Keramik ausstrahlen, wenn sie erhitzt werden (Brennen, Feuer, Vulkanausbruch): diese Lichtausstrahlung verhält sich proportional zu der Zeitdauer, die ihre Erhitzung im Labor von ihrer letzten prähistorischen Erhitzung trennt.

Die C14-Methode sichert die Datierung jeder Probenahme eines organischen Stoffes: Holz oder Holzkohle, Knochen, Muscheln, Leder, tierische oder pflanzliche Fasern.

Wer waren die Erbauer der Megalithen?

Oben und rechte Seite **Grabstätte von Téviec (Morbihan)**. Im Laufe der Grabung und im Museum von Carnac wieder aufgebaut, kündigt sie die megalithischen Gräber an.

Die Auskünfte über die anthropologischen Eigenschaften der neolithischen Bewohner der Gegend von Carnac sind spärlich, da der bretonische Boden oft sauer ist und die Knochen zersetzt. Sie ermöglichen es dennoch, sich ein relativ genaues Bild dieser Bevölkerung zu machen. Die menschlichen Reste, die in den Inseln Téviec und Hoédic (Morbihan) gefunden wurden, stellen eine Referenzserie dar. Sie stammt von den Mitgliedern einer Jägergemeinschaft, die um 6 000 v. Chr. gelebt hat. Die Tatsache, Haustiere zu halten (Hunde und vielleicht Schafe) sowie der Brauch, die Toten gemeinsam in kleinen Mausoleen zu bestatten, weist auf die Entwicklung dieser Gruppe zur neolithischen Lebensweise hin. Elf Männer, zwölf Frauen und dreizehn Kinder oder Neugeborene konnten identifiziert werden. Sie gehörten einem homogenen und grazilen morphologischen Typus an. Sie waren klein: 1,59 m im Schnitt im Fall der Männer und 1,51 m im Fall der Frauen. Ihre Hände waren massig, ihre Füße kurz, und ihr Schädel war schmal und verbreiterte sich zum Gesicht hin. Einige Reste sind in megalithischen Gräbern gesammelt worden, wie z.B. im Grab La Torche-en-Plomeur (Finistère), das 5 bis 10 Körper und archäologische Reste des mittleren Neolithikums (um 4 000 v. Chr.) enthielt. In Conguel auf der Halbinsel Quiberon, in den Gräbern aus dem Endneolithikum (4. Jahrtausend vor unserer Zeit) hat man sieben Skelette gefunden und in Port-Blanc an die vierzig Körper.

Ketten aus grünem Variskit. Grabbeigaben aus den Dolmen oder Kisten (oben, Vannes, Archölogisches Museum (unten, Saint-Germain-en-Laye, Musée des Antiquités nationales).

Die Erbauer der Megalithen der Atlantikküste unterscheiden sich nicht von den anderen neolithischen Bevölkerungsgruppen Europas. Die megalithische Leistung beruht nicht auf einer besonderen Körperkraft, sondern auf einer ausgezeichneten Arbeitsorganisation. Um solche Steine aufzurichten, bedarf es einer hierarchisierten Gesellschaft. Dazu gehören: ein Chef – d.h. ein einziger Wille und sehr viel Diplomatie, um die Bevölkerung zu überzeugen –, Architekten, die die Materialeigenschaften kennen und die Messtechniken beherrschen, Priester, die den Glauben dieser Menschen vereinigen und – Arbeitskräfte.

An die hundert megalithische Monumente scheinen auf eine zahlenmäßig bedeutende Bevölkerung zu weisen. Die Errichtung der Megalithen (der schwerste wiegt 350 Tonnen) muss mehrere hundert Männer mobilisiert haben, was auf eine Bevölkerung von mehreren tausend Seelen schließen lässt.

In Croh-Collé zum Beispiel fand man die Reste eines befestigten Dorfs mit bescheidenen Hüttenböden. Die zahlreichen Feuerstellen auf gepflasterten Böden der kleinen Insel Er-Yoh nahe der Insel Houat (Morbihan) lagen geschützt in Vertiefungen der Felsen und waren von Mäuerchen begrenzt. Die Ernährung der Menschen bestand aus Schafen und kleinen Rindern, einigen großen Hausrindern, Schweinen und Wildschweinen. Gelegentlich jagten die Männer Hasen, Kaninchen, Biber und Seehunde (Hirsche und kleine Pferde waren selten). Sie ernährten sich ebenfalls von Meeresvögeln, und zwar kleinen und großen Pinguinen, Möwen und Kormoranen. Sie fischten u.a. Lippfische und Goldmaiden und sammelten Meeresfrüchte, vor allem Napfschnecken, Mies- und Venusmuscheln. Einige Mahlsteine beweisen, dass sie auch Getreide mahlten, um Fladen zu backen und Brei zu kochen. Diese zahlreichen Siedlungsspuren können nicht mit einem organisierten und strukturierten Dorf gleichgesetzt werden. Der Siedlungsplatz von Curnic-en-Guissény (Finistère) hingegen näherte sich diesem Begriff schon eher an: dort fand man Feuerstellen, Mahlsteine, Tongeschirr, geschliffene Steinäxte und Flintbearbeitungswerkstätten.

Nachstehend **Mahlstein-Keramikgefäße**, die an das tägliche Leben erinnern, während die Prestigeobjekte aus Stein auf Tausch und Diplomatie basierende Beziehungen schließen lassen. Bretonische Dolmen (Saint-Germain-en-Laye, Musée des Antiquités nationales).

Untersuchungen der Siedlungsspuren dürften neue Erkenntnisse über die territoriale Organisation um den Golf des Morbihan bringen. Es ist leider wahrscheinlich, dass das Meer einige der archäologischen Stätten, die auf dem Strand existiert haben, zerstört hat.

Nächste Doppelseite **Opfergaben** aus dem Tumulus des Manio (Carnac, Vorgeschichtliches Museum).

Der Megalithismus in Westeuropa

Rechte Seite
Stonehenge (Wiltshire in England)
Manche dieser konzentrisch angeordneten Steinsäulen tragen Stürze und bilden somit Trilithen.

Das „megalithische Phänomen" taucht in der ersten Hälfte des 5. Jahrtausends vor unserer Zeitrechnung im Westen Europas auf: und zwar in Portugal, Westfrankreich und wahrscheinlich an den Küsten der Nordsee. Es endet zwischen 2 000 und 1 500 v. Chr. zu Beginn des Bronzezeitalters.
Die Anordnung der Megalithen folgt zwei großen Tendenzen, die sich parallel entwickelt haben. Die erste Kategorie umfasst offen angeordnete Ansammlungen von Steinsäulen oder Menhiren, die entweder einzeln stehen oder in Alignements oder Steineinfriedungen♦ angeordnet sind und die einen heiligen Ort kennzeichnen. Dies sind zum Beispiel die Riesenmenhire, die zwischen 6 und 20 Meter hoch sind (Rekord, den der verzierte Menhir von Locmariaquer, um 4 300 v. Chr erreicht), die Alignements von Carnac (um 4 000 v. Chr.) und der Kreis von Stonehenge (zwischen 3 000 und 1 500 v. Chr.), der sich durch seine Trilithen auszeichnet. Eine zweite, geschlossene Form besteht aus Kammern und Dolmen, darunter Grabkammern, zu denen in die Grabhügel eingebaute Gänge führten.

*♦**Steineinfriedung:** jede geschlossene Form aus aufrechtstehenden, gefugten oder nur aneinandergereihten Steinen. Die Einfriedung aus Steinsäulen kann kreisförmig, oval oder rechteckig sein.*

Nachstehend, von oben nach unten
Die drei Hauptformen der megalithischen Ganggräber:
kreisförmiger Dolmen mit Kraggegewölbe; rechteckiger Dolmen mit einer Platte als Decke; langer Dolmen mit seitlichem Eingang und Decke aus aneinandergereihten Platten.

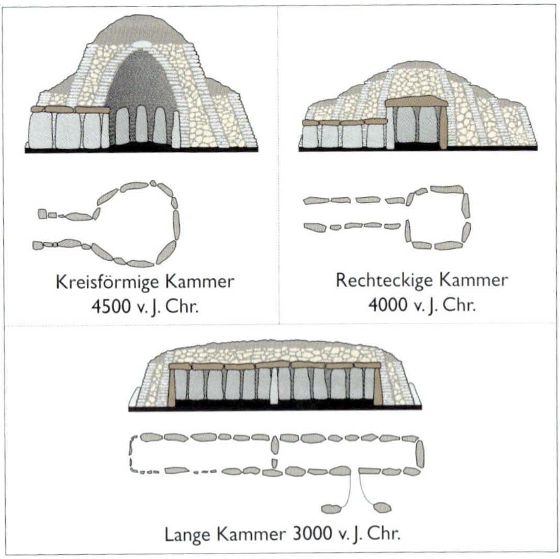

La Table des Marchand, Locmariaquer (Morbihan) Das Wort Dolmen bezeichnete zunächst einen Steintisch. Gravur, aus *Essai sur des monuments armoricains [...], op. cit.*

Die Reste der Mauern oder Blendwerke des schützenden Tumulus traten bei den Ausgrabungen von J. L'Helgouach, S. Cassen und C.T. Leroux zwischen 1986 und 1994 zu Tage.

Der gegliederte Tumulus („cairn" auf Bretonisch) dieser Grabstätte mit Zugang, so rekonstruiert wie er in neolithischer Zeit entworfen worden war, mit dem zerbrochenen Menhir von Locmariaquer im Hintergrund.

Der Dolmen steht im Zusammenhang mit dem Ahnenkult. Der Vergleich der dolmenischen Bauten ermöglicht es, die Geschichte des Megalithismus zwischen 4 500 und 1 500 v. Chr. nachzuverfolgen. Die ältesten Formen könnten in Gruben eingelassene Steinkammern sein, die sich anschließend in den großen, länglichen Tumuli, wie dem Tumulus Saint Michel in Carnac (gegen 4 500 v. Chr.) wiederfinden. Zur gleichen Zeit hatten einige Tumuli eine kreisförmige Grabkammer♦ mit Kraggegewölbe und einem Gang aus großen Steinblöcken. Sie lagen unter großen, länglichen Grabhügeln: die Hügel von Barnenez in Plouezoch (Finistère) und zwei der Hügel von Bougon (Deux-

♦***Megalitische Kammer:*** *Kollektivgrab in einem Dolmen.*

Sèvres) z.B. Um 4 000 v. Chr. kommen Dolmen mit einer trapezförmigen oder viereckigen Grabkammer und mit einem Korridor unter runden Tumuli auf: zum Beispiel die „Table des Marchand“ in Locmariaquer (Morbihan) oder der Dolmen von Gavrinis in Larmor Baden (Morbihan). Das Gleiche gilt für manche Gräber der Tumuli von Bougon (Deux-Sèvres). In Irland (Newgrange und Knowth) findet man auf 3 500 v. Chr. datierte Dolmen mit einem Gang und einer unterteilten Kammer oder einem Transept. Andere Dolmen besitzen eine lange viereckige Kammer, geradlinig oder gekrümmt, und einen kleinen Korridor, wie das Steindenkmal der „Pierres Plates“ in Locmariaquer (Morbihan). Auch die Ganggräber♦ (um 3 000 v. Chr.) haben viereckige, längliche Grabkammern und ein Vestibül. Bis 1 500 v. Chr. wurden Steinkammern mit wieder verwendeten Steinen unter runden Grabhügeln erbaut.

Die Megalithen, die von der großen Agrarkultur der neolithischen Zeit hinterlassen wurden, haben die Landschaften und wohl auch unsere Denkweisen beeinflusst. Diese markanten Formen symbolisieren die Beherrschung des Bodens, und ihre Anordnung zeugt von einer bemerkenswerten Kenntnis der Himmelszyklen.

♦***Ganggrab:*** *megalithische Grabstätte länglicher Form. Der Eingang mit Vestibül befindet sich auf der kurzen Seite.*

Innenansicht der Table des Marchand mit seiner mit Haken geschmückten Platte und seiner Deckplatte. Sie entstammt, wie auch die des Dolmen von Gavrinis von einem ehemaligen Riesenmenhir.

Symbolische Bildnisse der megalithischen Kunst

Eine der Besonderheiten der Megalithen Westeuropas besteht darin, dass sie von eingepickten Bildern geschmückt sind. Einige Piktogramme verbreiteten sich in der ganzen Bretagne im 5. und 4. Jahrtausend: es handelt sich um Waffen und Geräte – ein Bogen und die dazu gehörenden Pfeile (Gavrinis), eine Axt mit oder ohne Stiel (Barnenez, Gavrinis), ein stilisierter Pottwal (Le Menhir brisé, Gavrinis) oder ein Haken oder Hirtenstab (Guennoc, Table des Marchand). Auch die Tierwelt ist vertreten: ein hornförmiges Zeichen ähnelt der Stierdarstellung von Gavrinis und Locmariaquer, und eine gewundene Linie stellt eine Schlange mit oder ohne Kopf dar (Manio, Gavrinis). Eine sinnbildliche Form, spitzbogenförmig, manchmal behaart, mit seitlichen Ein- und Ausbuchtungen

Von links nach rechts und von oben nach unten **Stilisierte Idole**. Die Idole der Dolmen der „Pierres Plates", von Mané er Hroek in Locmariaquer und von Luffang (Morbihan) zeigen, dass diese emblematischen Bilder sehr vielseitig sein können.

Schlangen, Äxte, Haken und Idole, Platte aus dem Gang des Dolmen von Gavrinis (Morbihan).

findet man sehr früh in Barnenez. Sie kann monumentale Ausmaße annehmen, wie zum Beispiel bei dem großen Steinbildnis von „Petit-Mont" und dem Bildnis, das dem Dolmen der „Table des Marchand" als Kopfplatte dient.

Einige spätere Idole (3 000 v. Chr.) haben Brüste. Bestimmte Platten sind nur mit Reliefbrüsten verziert, die manchmal von einer Kette unterstrichen werden. Sie scheinen die feminine Natur dieses höheren Wesens, der „Mutter-Göttin" zu bestätigen. Sie drängt alle Symbole der männlichen Macht in den Hintergrund: Bogen, Axt, Haken… jedoch auch Stiere und Schlangen. In der neolithischen Religion des westlichen Megalithismus scheint der Mann im Gegensatz zur Frau nur selten dargestellt worden zu sein. Diese Feststellung gilt ebenfalls für andere Regionen: die zahlreichen, kleinen Figuren des neolithischen Zentraleuropas sind fast ausschließlich weiblicher Natur, ebenso wie die westmediterranen (Sardinien und Malta) und orientalischen (bis Çatal Hüyük in Anatolien) Darstellungen der gleichen Zeit. Ein anderes Zentrum megalithischer Kunst befindet sich in Portugal, wo Zeichnungen von Schlangen, Bechern, Jagdwaffen, geometrischen Motiven, und zweifellos der Sonne und des Mondes allgegenwärtig sind. Die Anwendung roter Farbe dabei ist bemerkenswert. Das später (im 4. Jahrtausend) entstandene irische Zentrum megalithischer Kunst wird von abstrakten Formen beherrscht: Spiralen, Sterne, Punkte und Zickzacklinien.

Die Hauptmotive der megalithischen Kunst des Morbihan sind von oben nach unten: Idol, stilisierter Pottwal, Haken, Rinderhörner, Rind oder Stier, Schlangen.

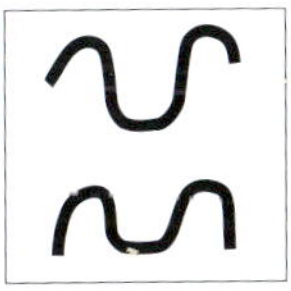

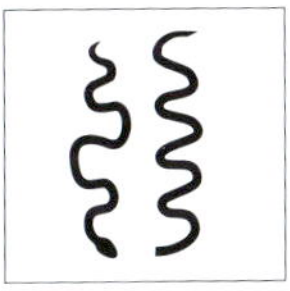

Die Steinkreise und Riesenmenhire

In den letzten zwanzig Jahren haben neue Entdeckungen das Interesse der Wissenschaftler, deren Neugierde bereits durch einige britische Kultstätten erweckt worden war, wiederbelebt:
Avebury (Wiltshire), nicht weit von Stonehenge, ist ein enormer kreisförmiger, von Steinsäulen eingefasster Graben (400 Meter Durchmesser); von dem West- und dem Südtor ausgehend verlaufen zwei doppelte Alignements in entgegengesetzte Richtungen. Zwei Kilometer weiter treffen sie auf zwei kleine Steinkreise.
Stonehenge (Wiltshire) ist eine runde Steinanordnung aus senkrecht stehenden Monolithen, die eineinhalbtausend Jahre lang, zwischen 3 000 und 1 500 vor unserer Zeitrechnung genutzt wurde. Das Zentrum in Hufeisenform wird durch eine Prozessionsallee ergänzt,

Almendres (Portugal), Steinsäulenkreis mit Monolithen, die teilweise mit einfachen Motiven wie Kreisen oder Haken geschmückt sind. Er gehört zu den ältesten in Europa und geht in das 5. Jahrtausend v. Chr. zurück.

die „avenue" genannt wird und zum „Heel stone" führt. Dieser Stein markiert für einen Beobachter, der sich in der Mitte des Bauwerks befindet, im Osten den Punkt, an dem zur Sommersonnenwende die Sonne aufgeht.

Callanish (Lewis) ist ein Steinsäulenkreis auf einem älteren Grabhügel, von dem drei Menhirreihen in Richtung Osten, Süden und Westen ausgehen, während eine doppelte Reihe 70 bis 80 Meter weit nach Norden führt. Die Dreierreihe aus Steinsäulen von Mid Clyth, Caithness (Highland), ist fächerförmig um eine Nord-Süd-Mittelachse angeordnet. Die Archäologen haben diese Stätte manchmal mit der von Kerlescan in Carnac verglichen.

Die spitzen Steinsäulen der Orkneyinseln fügen sich vollkommen in die Landschaft ein und liegen in der Nachbarschaft von megalithischen Grabdenkmälern.

Maes Howe in den Orkneyinseln (Schottland) und der enorme Kreis von Avebury im Wiltshire (England), zwei für ihre Steinsäulen berühmte Stätten.

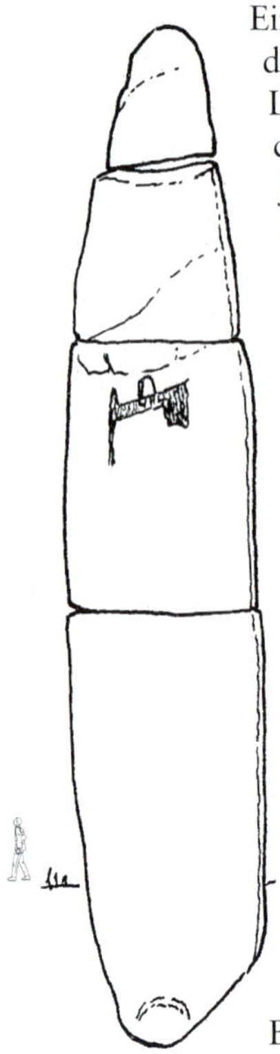

Eine Karte der bretonischen Steinreihen weist an die 60 Stätten auf. Die 19 Riesenmenhire von Locmariaquer (Morbihan) bilden ein beeindruckendes, geradliniges Ensemble, das Ende des 5. Jahrtausends v. Chr. errichtet wurde. Es wurde bereits in der Jungsteinzeit zerstört, um die Steine für den Bau von Dolmen zu verwenden. Die Menhirreihen von Cojoux in Saint-Just (Ille-et-Vilaine) haben zuerst aus Quarzblöcken bestanden, die zwischen Feuerstellen des 5. Jahrtausends aufgestellt waren. In einer zweiten Gestaltungsphase sind große Platten und Holzpfosten in der gleichen Achse angeordnet worden. Am Fuße einiger liegender Monolithen sind Bestattungen vorgenommen worden.

Bei der Stätte von Monteneuf (Morbihan) handelt es sich um ein unvollständiges Menhirfeld mit Ost-West-Orientierung, das dem von Carnac verwandt sein könnte. Einige Anhaltspunkte weisen darauf hin, dass der Ort bereits seit Ende des 5. Jahrtausends besucht wurde. Das Bauwerk scheint jedoch jüngeren Datums und in der Zeit um 3 300 v. Chr. genutzt worden zu sein.

Bei den Steinreihen von Yverdon und Lutry (Schweiz),

Das Ensemble der Steinsäulen von Callanish im Lewis (Hebriden) weist von einem Kreis aus in die vier Himmelsrichtungen.

zwischen 3 800 und 3 000 v. Chr. scheint es sich um Gedenksteine mit anthropomorphen Profilen zu handeln. Sie sind annähernd ost-westlich ausgerichtet. Den Übergang zum anthropomorphen Menhir finden wir in Korsika wieder.
Der zuerst einfache und später doppelte Steinkreis von Almendres bei Evora (Portugal) wurde wahrscheinlich vom 5. bis zum 3. Jt. v. Chr. frequentiert. Manche Steine sind mit Haken, Schlangen oder am Ende des Neolithikums mit Gesichtern geschmückt.

Großer zerbrochener Menhir von Locmariaquer. Dieser Monolith, der monumentalste der westlichen Vorgeschichte, misst 20 Meter und wiegt 300 Tonnen. Bevor er umgeworfen und in vier Teile geteilt wurde, hatte er aufrecht gestanden (Zeichnung links).

Die Besonderheit der Steinreihen von Carnac

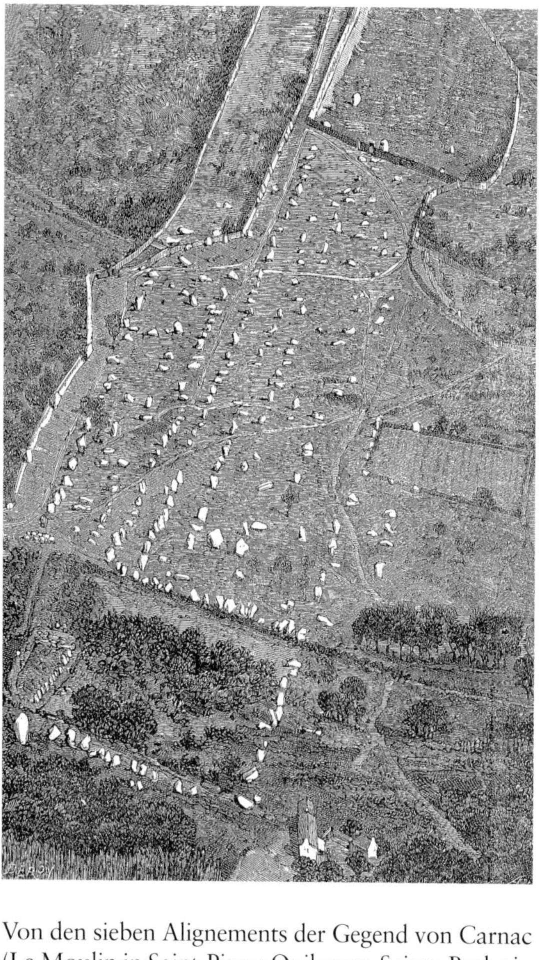

Die Alignements von Kerlescan. Die Zeichnung von Cleuziou zeigt die Komplematarität der Menhirreihen und der westlichen Steineinfriedung.

Von den sieben Alignements der Gegend von Carnac (Le Moulin in Saint-Pierre Quiberon, Sainte-Barbe in Plouharnel, Kerzerho in Erdeven, des Ménec, Kermario, Kerlescan in Carnac und des Petit-Ménec in La Trinité) weist das von Kerlescan mit 579 Menhiren die übersichtlichste Organisation auf. Die dreizehn Steinreihen sind auf 350 Metern Fläche fächerförmig angeordnet. Sie treffen im Westen auf eine 80 m breite und 90 Meter lange viereckige Steineinfriedung, die auf drei Seiten von 2 Meter bis 2,5 Meter hohen Steinsäulen und im Norden von einem langen Grabhügel mit einem Menhir begrenzt wird. Weitere Reste sind in Nähe von Kerlescan verzeichnet worden. 400 Meter westlich ragt ein großer Menhir hervor, der „Riese“ des Manio genannt wird. Im Norden befindet sich ein weiter Halbkreis aus Menhiren und ein megalithisches Grab mit seitlichem Zugang unter einem langen Grabhügel. 400 Meter weiter westlich beginnen die Alignements des „Petit-Ménec“.

Im Südwesten von Kerlescan liegen die größten Steinreihen, die über 1100 Meter langen Alignements von Kermario, die 982 Menhire umfassen und in Nordost-Südwestrichtung ausgerichtet sind. Sie bestehen aus zehn annähernd parallelen Steinreihen mit einem Abstand von 100 Meter zueinander, und liegen in einer Mulde. Das Gelände steigt bis zu einem hochgelegenen Punkt im Westen an. Dort sind die Steinsäulen, die nach dem gleichen Grundriss angelegt sind wie Kerlescan und Ménec, am höchsten. Im westlichen Teil von Kermario ist der ursprüngliche Standort einer Einfriedung aus Steinsäulen noch erkennbar. Es wird die Aufgabe zukünftiger archäologischer Forschungen sein, ihre Anordnung zu bestimmen.

Im Südwesten von Kermario setzen sich die Alignements des Ménec aus 1 169 Menhiren auf 950 Metern zusammen. Ihre allgemeine Ausrichtung ist Nordost-Südwest. Die elf Steinsäulenreihen weisen die gleichen Charakteristika auf wie die oben beschriebenen Reihen. Im äußersten Westen sind die Reste einer ovalen Steineinfriedung von 90 mal 70 Metern, die von nebeneinanderstehenden Menhiren begrenzt wird, noch gut sichtbar: effektiv verbleiben 71 Steine zwischen den modernen Häusern, die an dieser Stelle gebaut worden sind. Der „Riese“ des Ménec, ein großer Menhir mit einer Höhe von 3,50 Metern fällt durch seine spitze Form auf. Er ist im Verhältnis zur dritten Reihe zum Norden hin versetzt und zweifelsohne älter als die Alignements.

Eine neue, vor kurzem erstellte Bestandsaufnahme ergab eine Gesamtzahl von 2 730 vor Ort erhaltenen Menhiren. Die erweiterte Prospektion zeigt schließlich weitere Monumente auf, deren Verbindung mit den Alignements bisher nicht erkannt worden war.

Die bekanntesten Alignements von Carnac, die des **Ménec**, von **Kermario** und von **Kerlescan** sind mit anderen ähnlichen Gruppierungen vergleichbar, die zwar weniger gut erhalten, aber ebenso charakteristisch sind, wie z.B. Kerzerho in Erdeven, Sainte-Barbe und Plouharnel (von oben nach unten).

Rundgang

Die Alignements von Carnac

Als Ausgangspunkt für die Besichtigung der megalithischen Stätten der Region Carnac bietet sich Kermario an: Es bildet das Zentrum der Alignements und liegt zudem in der Nähe der Stadt Carnac, ihres Museums und des Tumulus Saint-Michel.
An den Alignements Interessierte können sich aber auch dafür entscheiden, ihren Rundgang in Kerlescan oder Ménec zu beginnen.

Das Haus der Megalithen – Empfang

Im nahe bei Le Ménec gelegenen Zentrum können sich die Besucher über den Stand der Forschung bezüglich der Alignements von Carnac informieren.
Ein Modell ermöglicht es, sich zu orientieren und die Ausmaße der Alignements einzuschätzen.
Außerdem verfügt das Zentrum über einen Projektionssaal und eine Buchhandlung.

Acht Entdeckungsetappen

Um zu verstehen, was ein Alignement eigentlich ist, muss man sich für die Steinsäule, für ihre Errichtung, ihren Erhaltungszustand, für die Maßeinheiten und die Geometrie der Bauwerke, für die Topographie und die Landschaft, für die Ausrichtungen, für die Aufrichtungsphasen und für die Chronologie interessieren, ohne die Hypothese des neolithischen Tempels außer Acht zu lassen.

Modell der Alignements von Kermario.

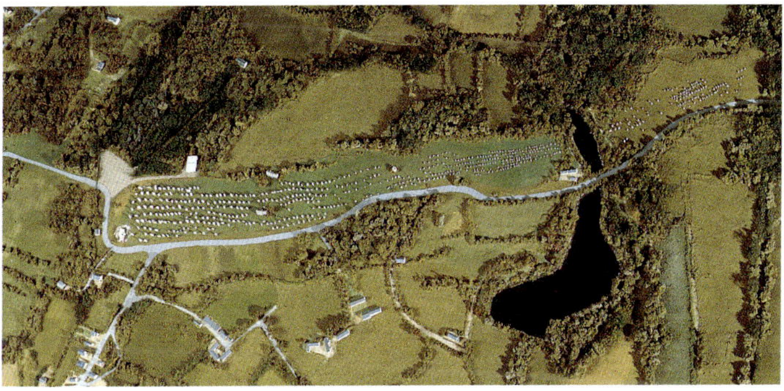

Etappe 1: Die Granitsteinsäule

Die Menhire der Alignements von Carnac sind Steine, die sich nicht in ihrer natürlichen Position befinden. Sie sind aufgerichtet worden, um gesehen zu werden. Sie sind meistens länglich oder plattenförmig, in den Boden eingelassen, und erheben sich senkrecht gen Himmel. Die Steinsäule besitzt also einen sichtbaren Teil über dem Boden und einen unsichtbaren, eingegrabenen Teil, der in einer flachen, ausgehobenen Grube mit kleinen Steinplatten eingekeilt ist.
Die Menhire bestehen aus feinem Granit aus Carnac. Dieses Gestein kommt aus dem Massiv, in das die Menhire eingelassen sind, und das zur Cornwall-Antiklinale♦ gehört. Bei genauerer Beobachtung erkennt man drei Granitprofile, die es vielleicht ermöglichen werden, Menhirserien zu unterscheiden, die einer gleichen, genau definierten Zone entstammen: ein feinkörniges Profil (1 bis 3 Millimeter große Körner) mit Feldspat, zwei Glimmerarten in geringer Konzentration Biotit in hoher Konzentration; ein porphyroides Profil mit recht großen Quarz- und Feldspatkristallen, die oft über 1 cm und bis 4 cm groß sind, einem größeren Biotitanteil und Zirkon (seltener Muskovit); sowie ein körniges Zwischenprofil mit großen, 1 bis 5 Millimeter dicken Körnern mit Feldspatkristallen und punktuellen Biotitkonzentrationen. Dieses Profil scheint an der Oberfläche und bei den Menhiren vorzuherrschen.
Alle Körnungen sind in einer kompakten Struktur verschmolzen, in einigen erodierten Zonen jedoch bilden sie eine horizontale, blättrige Zone im Felsmassiv. Bei den aufgerichteten Menhiren sind die blättrigen Zonen vertikal; dies ist der Beweis, dass die Steine durch Menschenhand aufgerichtet worden sind.

Das Gewicht der Menhire wird geschätzt, indem man ihr annäherndes Volumen (Höhe mal Breite mal Dicke) mit der Dichte des Granits (2,4) multipliziert.

Unter dem Mikroskop sind die Granitkörner gut sichtbar, besonders die Glimmer.

♦Antiklinale aus Cornwall: *enorme, konvexe Sattelformen, die im Süden Englands (Cornwall) und in der Bretagne vorkommen.*

Etappe 2: bizarre Formen

Die nacheinander aufgestellten Menhire besitzen mehr oder weniger regelmäßige Formen, darunter recht merkwürdige, die einen kleinen „Fuß“, einen großen „Kopf“, einen dicken „Bauch“ oder eine umlaufende breite Rinne haben. Diese Details sind interessant, da sie uns über die Herkunft und die geologische Vergangenheit der Blöcke Auskunft erteilen, als sie sich noch an ihrem ursprünglichen Platz im Felsmassiv befanden. Dieses weist Risse an seiner Oberfläche auf, die sich bei dem Erkalten der Granitmasse

Formen, die auf die Erosion der Felsen zurückzuführen sind, aus denen die Menhire stammen.

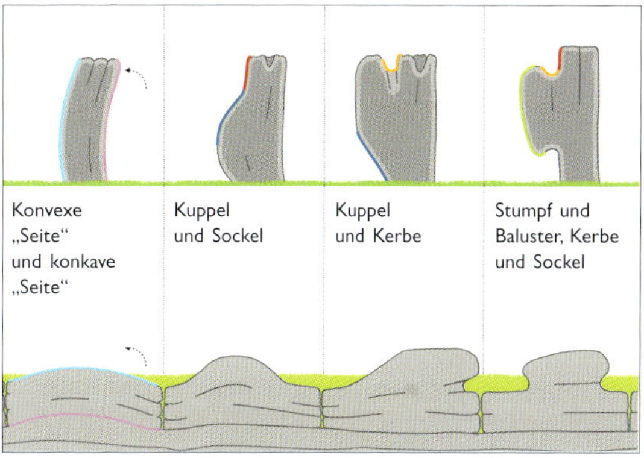

Die Extraktion der Menhire (nach Dominique Sellier).

Das Aufrichten eines Menhirs anhand von Holzhebeln, Seilen und zahlreichen Hilfskräften, Gravur nach *La Création de l'Homme, op. cit.*

♦ ***Festlandsockel:*** *geologischer Sockel aus dem Paläozoikum, der sich vor über 225 Millionen Jahren geformt hat.*

während der geologischen Herausbildung des Festlandsockels♦ geöffnet haben. Die vertikalen Risse, die oft durch Erosion weiter geworden sind, liegen rechtwinklig zueinander. Wenn in einer Tiefe von 0,5 bis 1 Meter ein horizontaler Riss in Richtung einer blättrigen Körnung entstanden ist, bilden sich auf natürliche Weise Platten mit einer Länge von mehreren Metern und einer Dicke von einem oder mehreren Metern. So hat man in der Heidelandschaft natürliche Menhire, Findlinge, sammeln können. In anderen Fällen wird der Stein von vertikalen Rissen begrenzt, und man hat ihn mit Schlagsteinen, Holzkeilen und Hebevorrichtungen von seinem Sockel abspalten müssen. Um andere Monolithen abzutrennen, hat man den Fels anbrechen müssen: der mechanische Schock der Schlagsteine hat vertikale Risse hervorgerufen, die erweitert werden mussten, um die horizontale Abspaltung auszulösen und den Block schließlich abtrennen zu können. Die Menhire weisen infolgedessen entweder „prämegalithische" Erosionsreliefs auf, oder Merkmale der Abschlagvorgänge, die auf die Einwirkung der Erbauer der Alignements zurückzuführen sind. Oft sind auch die jüngeren Spuren der Erosion erkennbar, der die Steine nach ihrer Errichtung ausgesetzt waren.

Ziehen einer Platte des Dolmen von Kerhan in Saint-Philibert (Morbihan) im Jahre 1896, das Le Rouzic organisiert hat, um den Dolmen nach Meudon (Hauts-de-Seine) zu transferieren.

Die geplanten Prospektionen dürften es ermöglichen, die Fundorte der Menhire zu identifizieren, die wahrscheinlich in der Nähe liegen.

Der Transport

An anderen Stätten sind einige Fälle bekannt, in denen ein weiterer Transport vorliegt. Der Granitmenhir des Champ-Dolent steht auf einem Plateau aus schieferhaltigem Substrat. Der 125 Tonnen wiegende Block ist vier Kilometer weit gezogen worden. Ein anderer Menhir, der von Derlez en Peumérit (Finistère), ist drei Kilometer weit transportiert worden. Eine der Platten eines Grabhügels von Bougon (Deux-Sèvres), die 32 Tonnen wiegt, kommt aus einem Kalksteinbruch (bathonischer Flint), der 4 Kilometer weit von der Stätte entfernt liegt. Ein Experiment hat es 1979 ermöglicht zu beweisen, dass der Block jeden Tag von 200 Personen über 100 Meter gezogen worden ist. Es bedurfte also 40 Tage, um die Platte in die megalithische Nekropole zu schaffen. Der Transport mittlerer Blöcke, mit einem Gewicht zwischen 5 und 10 Tonnen, wurde mit Rollen und Seilen leicht vollzogen.

Die Aufrichtung

Am Ende des 19. Jh. hat Miln bei seinen Grabungen aufgezeigt, wie bei den Alignements von Kermario sorgfältig mit Verkeilungssteinen Gruben vorbereitet wurden, in die dann die Basis der Menhire eingelassen wurde.
Die Schwierigkeit bestand darin, das Ende des Steines gleichzeitig zu drehen und anzuheben, damit er langsam in die Grube rutschte. Man hat sich wahrscheinlich eines Hebebaums♦ bedient, um ihn aufzurichten. Um diesen heiklen Arbeitsgang erfolgreich durchzuführen, war es nötig, einen Erdwall aufzuschütten oder ein Gerüst mit gekreuzten Bohlen zu errichten.

Gründungszeremonie

Die Ausgrabungen am Fuße der Menhire (Teilausgrabung, wenn diese noch aufrecht standen, um sie nicht zu destabilisieren, und vollständige Ausgrabungen, wenn diese umgestürzt waren) haben erwiesen, dass vor dem Aufrichten des Steines eine rituelle Gabenniederlegung und demzufolge eine Gründungzeremonie stattgefunden hatte. Davon zeugen Holzkohle und vom Feuer gerötete Steine, aber auch Scherben, Abschläge und Feuersteinwerkzeuge, polierte Äxte, Mahlsteine, Schleifsteine und Spinnwirtel♦. Miln hat diese Reste bei seinen 1881 veröffentlichten Forschungen in großer Zahl am Fuße der Menhire von Kermario gefunden.

♦***Hebebaum:*** *Gerät aus zwei schiefen Bohlen, die an ihrem oberen Ende mit einer Rolle verbunden sind, über die ein Seil es ermöglicht, eine schwere Last zu heben.*

♦***Spinnwirtel:*** *Scheibe aus gebranntem Ton oder aus Stein zum Herunterziehen des Fadens, den die Spinnerin mit ihren Fingern formt, indem sie die am Spinnrocken befestigten Rohfasern dreht.*

Aufrichtung eines experimentellen Menhirs im Jahre 1997 in Bougon (Deux-Sèvres) durch die Mitglieder der Studiengruppe für Megalithismus „groupe vendéen d'études mégalithiques". Im Vordergrund die Grube und die Verkeilungsteine.

Etappe 3: unbeschädigter Stein und verwitterter Stein

Die aufmerksame Beobachtung der Menhire mit ihren merkwürdig anmutenden Erosionsformen gibt also Aufschluss über ihre Geschichte und ihre Errichtung.
Die vormegalithischen Reliefs, die nur in einer horizontalen und nicht vertikalen Lage der Steine entstanden sein können, unterscheiden sich deutlich von den zur Zeit der Aufrichtung entstandenen Auslösungs- und Abschlagspuren sowie von den Erosionsspuren, die auf die spätere Alterung zurückzuführen sind. Die Furchen, die durch das Ablaufen des in Becken zurückgehaltenen Regenwassers hervorgerufen wurden, erscheinen eher auf den Südseiten und sind mit Moos und Flechten angefüllt. Regenwasser und dominierende Winde, die die Gesteinskörner besonders auf der West- und Südseite fortwehen, erweitern die Rinnen zu Becken (735 Millimeter im Schnitt pro Jahr). Solche Verwitterungserscheinungen sprechen möglicherweise für eine unveränderte Stellung der Menhire. Dominique Sellier hat nachweisen können, dass bei den Alignements von Kerlescan die Hälfte der Menhire unbeschädigt sind und dass sie sich noch an ihrem ursprünglichen Standort befinden.
Andere Beschädigungen, die auf Einwirkung des Menschen zurückgehen, beeinträchtigen den Zustand der Menhire. Manche weisen z.B an der Spitze Spuren von Abschlagversuchen auf und Einschnitte an den Vorder- und Seitenansichten. Dadurch erscheinen Splitterabdrücke und Abschuppungen hellerer Farbe an der Oberfläche der Steine.
Es ist manchmal schwer festzustellen, ob diese auf natürliche Verwitterung zurückgehen oder auf Zerstörung durch Menschen. In Wirklichkeit sind sie nicht sehr zahlreich und es ist wahrscheinlich, dass ein hoher Prozentsatz der Menhire die gleiche Morphologie besitzt, das gleiche Aussehen also, wie in neolithischer Zeit. Die Oberfläche der Menhire ist meistens von übereinander liegenden Flechtenschichten bedeckt, die neueren Datums sein dürften. Der Stein selbst kann unbeschädigt und kompakt sein. Er kann auch eine körnige, oberflächliche Verwitterung aufweisen, die ihm eine raue Oberfläche verleiht, oder eine tiefergehende Verwitterung mit Ausbildung polygonaler Netzformen. Dieser relativ gute Erhaltungszustand der Menhiroberflächen ermöglicht die Suche nach neolithischen, eingravierten oder eingepickten Motiven.
Das gilt für die Schlangenmotiven an der Basis des großen Menhirs des Manio, die bestielte Axt des „Großen zerbrochenen Menhirs" von Locmariaquer, oder die Haken des Menhirs von Kermarquer in Moustoirac, um nur Beispiele aus der Gegend um Carnac zu nennen.

Diese von der Erosion hervorgerufenen, eingefurchten **Rinnen** formen sich durch das Regenwasser, das in einer Mulde auf dem Stein zurückgehalten wird. Moose und Flechten vermehren sich hier.
Auf manchen Steinen sind große Flächen noch unbeschadet seit neolithischer Zeit, und das geschulte Auge kann eingepickte und vielleicht eingravierte Motive erkennen (Zerbrochener Menhir von Locmariaquer).

Etappe 4: Maßeinheit und Geometrie

Es hat mehrere systematische Aufzeichnungen der Alignements von Carnac gegeben, namentlich von dem Schotten Miln, dem Deutschen Schuchardt und dem Österreicher Mondrijan. Zwischen 1970 und 1976 hat jedoch ein ehemaliger Mechanikprofessor aus Oxford, der Schotte Thom, die Benutzung eines Längenmaßes durch die Erbauer der Megalithen durch statistische Berechnungen bestätigt. Er ist mit Unterstützung britischer und amerikanischer Stiftungen sowie zahlreicher Spezialisten, darunter sein Sohn A.S. Thom und R.L. Merritt, von den Durchmessern der britischen Steinkreise und den Entfernungen zwischen den bretonischen Menhiren ausgegangen.

Dieses mittlere Längenmaß, das der „megalithische Yard" genannt wird, messe 0,829 Meter und entspreche den im letzten Jahrhundert von dem Mathematiker R. Kerviler definierten „Schritten". Die andere, für Carnac charakteristischere Einheit, der „megalithische Klafter" genannt, misst 2,5 Yards oder 2,073 Meter. Die einzig mögliche Bewertung dieser Eichung ist also statistischer Natur, da das Volumen der Steine erfordert, ihr Zentrum als Berechnungsbasis anzunehmen. Der Standardcharakter der Entfernungen, die das Zentrum eines Steins vom Zentrum des nächsten trennt, deutet auf einen hohen Rationalisierungsgrad bei

Am westlichen Ende der Alignements von Carnac (oben die Alignements des Ménec) befindet sich eine Steineinfriedung. Links sind die Platten der Einfriedung des Ménec noch sichtbar. Das Oval wurde möglicherweise durch eine Dreiecks-Rechtecks-Konstruktion erzielt (unten, nach Thom).

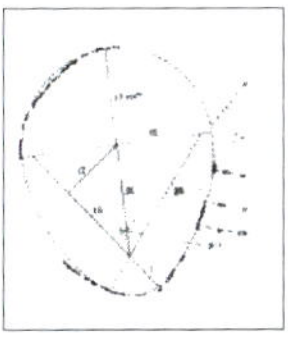

Die Sonne wirft Schatten, die die Regelmäßigkeit der Menhir-Reihen noch unterstreichen. Wie der graduierte Maßstab links von dem Foto zeigt, ist der ganze Raum nach einer zugleich menschlichen und sonnenorientierten Metrologie rhythmisch geordnet.

♦***Kromlech:*** *walisisches Wort, das die im Kreis angeordneten Steine einer megalithischen Kammer bezeichnet. Die Deckplatte ist in den meisten Fällen verschwunden. Im weiteren Sinne wird der Begriff irrtümlich auf jede kreisförmige oder rechteckige Einfriedung angewandt, ist hier aber ersetzt worden durch „Steineinfriedung", wenn es sich nicht um einen „echten" Kromlech handelt.*

Die Menhire sind dazu bestimmt, von weitem in einer Art großem Garten gesehen zu werden. Wenn die Natur die Oberhand zurückgewinnt, entwurzeln die Farne und die Kiefern die Steinsäulen, bis sie schließlich verschwinden.

dem Bau dieser Architekturen hin. Wie haben die Menschen des Neolithikums diese Maßeinheiten entwickeln können und wie haben sie sie weitervermittelt? Dies bleibt ein Rätsel.
Alexander Thom und sein Sohn haben für jede Reihe und für den Abstand zwischen allen Steinen des Menec und von Kermario die Anwendung des megalithischen Klafters nachgewiesen.
Es muss jedoch noch bewiesen werden, dass jeder der Menhire sich wirklich noch an seinem ursprünglichen Standort befindet, um diese Maßeinheit definitiv für gültig zu erklären. Thom glaubt, dass ein einfaches Vielfaches auch benutzt wurde, um den Durchmesser der Steinsäulenkreise zu definieren oder um andere Kromlechtypen♦ zu bauen. Diese große Präzision bestätigt sich trotz des unregelmäßigen Verlaufes der Alignements, der auf der Topographie, den Unregelmäßigkeiten des felsigen Bodens, in den der Stein eingelassen war, und der nur annähernd genauen Wiedererrichtung einiger Steinsäulen beruht.

Etappe 5: Steine in einer gepflegten Umgebung

Die Steinsäulen sind errichtet worden, um gesehen zu werden, und diese Beobachtung legt nahe, dass eine enge Beziehung besteht zwischen den Menhiren und der Heidelandschaft, in die sie eingebettet sind. Die ökologischen und räumlichen Besonderheiten der Alignements von Carnac sind unentbehrliche Fakten für das Verständnis des Bauwerks

und die Wahrung der historischen Stätte. Der Schutz der Pflanzendecke ist wesentlich, ihre Beschädigung oder ihre Zerstörung (durch übermäßiges Zertreten) bedroht ernsthaft die Stabilität der Menhire selbst, die sich im Boden lockern.
Die große Ausdehnung der Alignements von Carnac liegt in der Heidelandschaft begründet. Das Vorhandensein von Rasen wird auf spektakuläre Weise von den Postkarten aus den ersten Jahren des Jahrhunderts dokumentiert. Einige Analysen alter Pollen, die an Probeentnahmen aus den nahen Sümpfen vorgenommen worden sind, scheinen zu belegen, dass diese Situation bis in das frühe Neolithikum zurückreicht. Die klimatische Entwicklung hat seit 6 000 Jahren keine so wesentlichen Schwankungen aufgewiesen, dass sie die Landschaft grundlegend verändert hätten. Nun bedarf Heidelandschaft der gleichen Pflege wie eine Weide. Der Mensch muss mähen oder Tiere zum Abweiden bringen. Wenn die Heide nicht unterhalten wird, nimmt der Wald wieder Überhand. Dieses natürliche Ökosystem überwiegt heute am Rande der historischen Stätten. Es hat verheerende Folgen für die Alignements.
Die Menhire werden von den Wurzeln der Bäume ins Wanken gebracht. Um den Megalithen der Gegend von Carnac ihre ursprüngliche pflanzliche Umgebung zurückzugeben, konzentrieren die Botaniker der Universität Rennes ihre Forschungen auf die Ausbildung zweier Heidetypen: eine trockene Heide mit langsamem Wachstum und eine feuchtere Heide mit schnellerem Wachstum.

Etappe 6: Die Ausrichtungen

Die Ausrichtungen der Alignements von Carnac scheinen zwei logischen Leitlinien zu folgen. Die erste ist geographischer Natur und folgt dem Rand des granitenen Kontinentalschelfs, das die Küstenzone 30 Meter überragt. Diese besteht aus den Sedimenten, die von den Flüssen angeschwemmt werden, bevor sie ins Meer münden. Die zweite Ausrichtung entspricht den vier Himmelsrichtungen, besonders der Ost-West- Achse. Die verschiedenen Alignements besitzen nur annähernde Ausrichtungen, das allgemeine Anordnungssystem der Steine ist jedoch einheitlich.

Professor Thom zufolge scheinen besonders zwei Kromlechs nach genaueren Ausrichtungskriterien erbaut worden zu sein. Das erste sei das Kriterium der Alignements von Kerlescan. Hier werde auf jeder Seite der Hauptachse der Alignements die Sommer- und Wintersonnenwende angezeigt, wobei die Hauptachse der

Gimpel, Erika und Ginster gehören zu der Umgebung der Menhire.

Die Heidelandschaft der Alignements benötigt jährliches Mähen und den Appetit von Schafen.

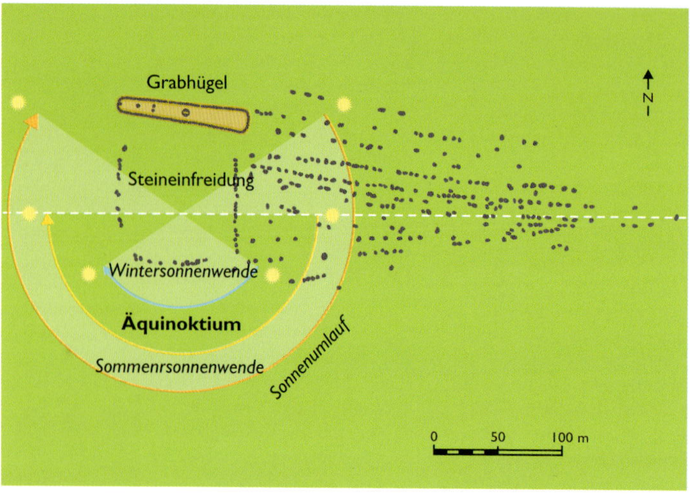

Die Stätte von Kerlescan mit ihren Alignements und ihrer Steineinfriedung weist dem Beobachter, der sich bei Sonnenauf- und Untergang in ihrer Mitte befindet, die vier Himmelsrichtungen.

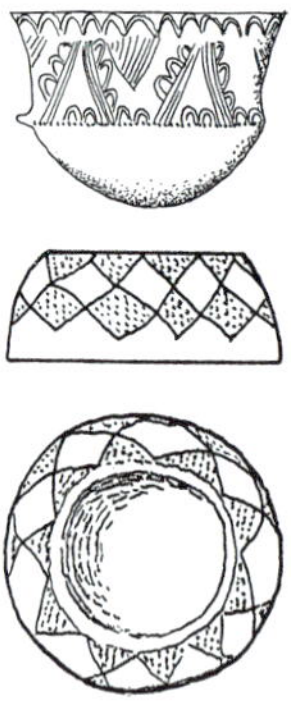

Im Castellic-Stil **dekoriertes Gefäß** (oben) und Räuchergefäss oder Schale mit Fuß (Seiten-und Vertikalansicht, unten)

Äquinoktiallinie entspräche. Von diesen Beziehungspunkten ausgehend habe ein Jahreszeitenkalender der landwirtschaftlichen Aktivitäten und ihrer Feierlichkeiten erstellt werden können. Die gleiche Anordnung findet sich in der rechteckigen Steineinfriedung von Crucuno in Plouharnel wieder. Sie ermöglichte wohl, die Grenzpositionen des Sonnenauf- und -untergangs am Tag der Wintersonnenwende, während der beiden Tagundnachtgleichen, und am Tag der Sommersonnenwende zu orten. Die Bedeutung der Kromlechs im Westen der Alignements ist um so offensichtlicher, als sie eine erhöhte Stellung in der Landschaft einnehmen. Jeder Besucher, der die Menhirreihen von Osten her durchschreitet, kann nur beeindruckt sein von der geschlossenen Struktur des Kromlechs aus großen Steinsäulen, die sich am Abendhimmel abzeichnen.

Etappe 7: Die Gestaltungsphasen und die chronologische Abfolge

Um die Alignements von Carnac zeitlich einzuordnen, muss man von archäologischen Beobachtungen und Folgerungen ausgehen, denn es liegen keine Datierungen von Proben vor (Holzkohle oder Keramik), die am Fuße der Menhire von Carnac gefunden wurden sind.

Die Riesenmenhire

Die Ausgrabung am Tumulus des Manio (im Alignement von Kermario) zeigt, dass die Menhire in einer ersten Phase der gleichen Richtung folgend in den Grabhügel eingesetzt wurden: sie sind also zeitlich später einzuordnen als der Hügel selbst. Der Riese des Manio, ein 6 Meter hoher Menhir, gehört mit den Schlangengravuren an seiner Basis in die Zeit der Errichtung des Tumulus; er kann mit den großen Menhiren von Locmariaquer in Verbindung gebracht werden. Castellic-Keramiken (Ende des 5. Jahrtausends v. Chr.), die am Fuße der Steine gefunden worden, ermöglichen es, den Menhir und seinen Grabhügel zu datieren.

Die Dolmen mit rechteckiger Grabkammer

Die nächste Phase entspricht dem Bau der Dolmen mit rechteckiger Grabkammer, gegen 4 000 v. Chr. In Kermario befindet sich ein Grab mit Korridor und trapezförmiger Kammer. Der dazugehörige Grabhügel, der heute noch teilweise erhalten ist, ist innerhalb des Kromlechs dieser Steinreihen angelegt

worden. Wenn zwischen diesem Dolmen und den Steinreihen wirklich eine Verbindung besteht, dann würde dies bedeuten, dass die Steinsäulen um 4 000 v. Chr. errichtet worden sind.
Die Homogenität der Steinreihen deutet darauf hin, dass die Errichtungsphase der Steine nur relativ kurze Zeit gedauert hat. Sie haben indessen wohl lange eine zeremonielle Funktion gehabt, denn es hat im Laufe der Zeit Umbauten und nachträgliche Veränderungen gegeben.

Die Ganggräber

Das megalithische Ganggrab mit seitlichem Zugang entspricht wohl einer dritten Benutzungsphase des Ortes. Es ist gegen 3 000 v. Chr. gebaut worden. Es liegt jedoch außerhalb dieser Reihen und sein Bau scheint zeitlich später einzuordnen zu sein. Seine Anordnung bestätigt, dass Jahrhunderte lang eine enge Beziehung bestanden hat zwischen der heiligen, feierlichen Rolle der Alignements und der Bestattungsfunktion mancher Grabstätten.

Der Tumulus des Manio (unten), von den Menhiren des östlichen Teils von Kermario bedeckt, wird durch einen Riesenmenhir betont (oben), am Fuße dessen Schlangen eingepickt sind (Mitte).

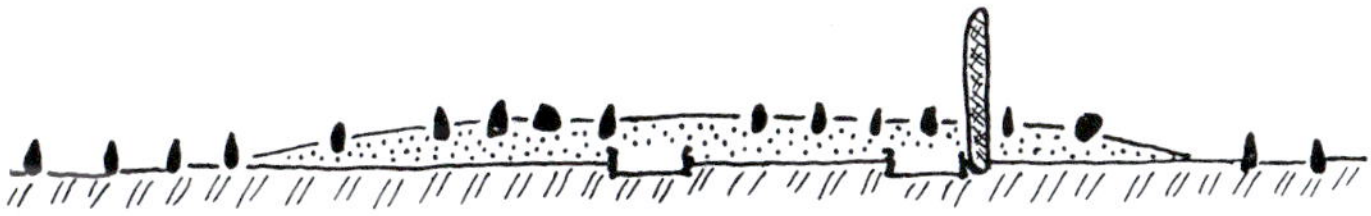

Etappe 8: Hypothese des neolithischen Tempels

Sonnenaufgang in Kermario, von der westlichen Seite der Einfriedung aus gesehen. Die Alignements von Carnac haben eine kosmische Dimension.

Die sieben Alignements der Gegend von Carnac haben mehrere Punkte gemeinsam: ihre Menhirreihen liegen meistens parallel zueinander; das westliche und manchmal das östliche Ende der Alignements schließen mit einer Einfriedung ab; sie charakterisieren sich durch ein annähernd ost-westlich ausgerichtetes Steinreihensystem in Verbindung mit der Einfriedung; ihre Topographie bringt den westlichen Steinkreis auf einer Anhöhe zur Geltung, deren Osthang von den Steinreihen eingenommen wird; schließlich bestehen alle Steinreihen aus Menhiren, die immer höher werden, um so mehr man sich der Einfriedung nähert.

Die allgemein anerkannte Hypothese besagt, dass die „Alignements von Carnac" feierliche Orte waren. Danach bestehen sie aus von Menhiren gesäumten Prozessionsalleen, die im Westen zu einer Kultstätte führen, die ein Kromlech auf einer Anhöhe begrenzt. Der Komplex ist so ausgerichtet, dass die Sonnenstrahlen bei Sonnenaufgang die Alleen bis zum Kromlech durchfluten, und die untergehende Sonne die Kultstätte bei der abendlichen Feier in das Licht ihrer letzten Strahlen taucht. Prozessionsallee und Allerheiligstes – die Steineinfriedung – bilden die Bestandteile des ersten Tempels, der jemals gebaut wurde: des neolithischen Tempels. Zacharie Le Rouzic hat in den Steineinfriedungen von Er Lannic (Morbihan) Feuerstellen, Steinkammern mit Menschenknochen und zahlreiche verzierte zylindrische oder schalenförmige Gefäße gefunden, – zweifellos Opfer- oder Räuchergefäße, die den religiösen Charakter der Bauwerke bestätigen dürften und somit wahrscheinlich auch den der Alignements, die mit ihnen in Verbindung stehen.

Die „neolithischen Tempel" von Carnac mit dem von Kerlescan im Vordergrund. Die Topographie wird genutzt, um die Kultstätte, die Steineinfriedung im Westen, auf einer Anhöhe anzusiedeln und so die prozessionelle Funktion der Alignements zu unterstreichen. (J.-P. Mohen nach J.-C. Golvin).

Die Steineinfriedung von Kerlescan, von Westen aus in Richtung der Tag- und Nachtgleiche gesehen. Man sieht die Alignements zwischen zwei ihrer Steine : die beiden Funktionen des Tempels, Prozession und Kult, sind vereinigt.

Andere empfohlene Routen

Die kurze Besichtigung der Alignements von Kermario, die aus acht Entdeckungsetappen, kann von Personen, die gut zu Fuß sind und von Fahrradfahrern durch drei weitere Strecken ergänzt werden. Alle drei gehen von der Mühle von Kermaux aus.

Der Rundgang der Alignements von Kermario

Den östlichen Teil der Alignements von Kermario entlanggehen, der den länglichen Tumulus des Manio überdeckt. Nun muss man auf der Strasse zurückkommen und der südlichen Seite der Alignements folgen, deren Menhire zum westlichen Ende hin immer höher werden. Hier befindet sich der Dolmen von Lann - Mané-Kermario, der an der Stelle der verschwundenen, aber auf der Höhe über den Menhiren noch gut sichtbaren Steineinfriedung erbaut worden ist.

Die Besichtigung der Alignements von Kerlescan

Dem Weg östlich der Alignements von Kermario bis zu einer hügeligen und bewaldeten Landschaft weiter folgen.
Der „Riese des Manio" und das Rechteck von Crucuno liegen linker Hand und sind isoliert.
Etwas weiter sind die Alignements von Kerlescan mit ihren gegen Osten zusammenlaufenden Monolithreihen besonders gut lesbar.
Die rechteckige, spektakuläre Steineinfriedung schließt im Norden ein langer Tumulus ab, und im Westen kündigt sie ein hoher Menhir an, der dem „Riesen des Manio" verwandt ist. Wenn der Besucher die Alignements von Kerlescan umgeht, dann kann er in Richtung Norden unter dem Grabhügel das megalithische Ganggrab mit seinem seitlichem Eingang entdecken. Es ist ein Beispiel für einen Kollektivgrabtyp, der in der Region selten ist, in Norddeutschland und Dänemark um 3 000 v. Chr. aber häufiger vorkommt.

Die Besichtigung der Alignements des Ménec

Zum Westende von Kermarion zurückgehen und sich nach Westen wenden, wo man zuerst zum Ostende der Alignements des Ménec kommt, die in einem Steinkreis enden. Man ist beeindruckt von den hunderten Menhiren und der Energie,

die nötig gewesen sein muss, um sie aufzustellen, sowie von ihrer überwältigenden Wirkung auf ihre Umgebung.
Am westlichen Ende sind die Steine höher und stehen auf einer Anhöhe.
Die Steineinfriedung aus aufgestellten, aneinandergereihten Steinplatten ist trotz der modernen Häuser, die dort gebaut worden sind, noch gut sichtbar.
Die perspektivische Sicht auf die Alignements des Ménec im Osten ist von diesem erhöhten Standpunkt aus grandios.

Rechteck von Crucuno.

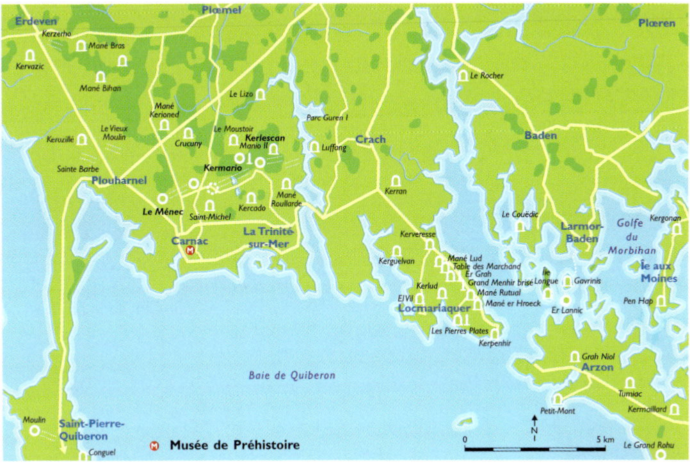

Um Carnac herum: das Umfeld der Alignements

Die fünfzig historischen Stätten aus neolitischer Zeit (5. bis 3. Jahrtausend vor unserer Zeitrechnung), verleihen den Eindruck einer außergewöhnlichen, geheiligten Region. Vier Ausflüge in das Hinterland von Carnac bieten sich an, deren spektakulärste Monumente nun beschrieben werden.

Locmariaquer und der große zerbrochene Menhir

Die Ergebnisse der jüngsten Grabungen werden dargestellt: Die des höchsten (20 Meter) und schwersten (300 Tonnen) Menhirs der Vorgeschichte, des langen Grabhügels von Er Grah (oder Er Vinglé) und des Dolmen der „Table des Marchand".

Die Stätte von Gavrinis

Früher war diese Insel ein Hügel inmitten der Landschaft: im Neolithikum lag der Meeresspiegel an die 6 Meter unter dem heutigen. Um sie zu erreichen, muss man das Boot in Larmor Baden nehmen. Das Ganggrab unter seinem Grabhügel weist Steinplatten auf, die über und über mit Motiven bedeckt sind, unter denen man das Idol, die Axt, den Haken, den Bogen, die Schlange und das hornförmige Symbol erkennt. Der Dolmen von Gravinis ist das am meisten verzierte megalithische Bauwerk, das es gibt.

Die Stätte von Petit-Mont

Auf dem Gebiet der Gemeinde Arzon liegt ein gewaltiger aus Steinen gebauter Tumulus, der während der drei Hauptperioden des Megalitismus des Morbihan genutzt worden ist: die älteste Phase, gegen 4 500 v. Chr., ist durch den langen Tumulus gekennzeichnet. Die großen Menhire mit einem 6 Meter hohen Idol stammen aus der mittleren Phase um 4 300 v. Chr. und die megalithischen Dolmen sind schließlich in die letzte Phase um 4 000 v. Chr. einzuordnen. Die Restaurierung dieses komplexen Bauwerks vermittelt ein anschauliches Bild von dem Genie der neolithischen Erbauer.
Zwei Museen stellen schließlich die Opfergaben aus: Gefäße, Prunkäxte, Steinanhänger, Pfeilspitzen und Feuersteinwerkzeuge sowie zahlreiche Informationen bezüglich des täglichen Lebens in neolithischer Zeit. Es handelt sich um das Das Museum für Vorgeschichte von Carnac und das Museum der Polymatischen Gesellschaft von Vannes.

Gavrinis
Die Platten des Dolmen unter dem Tumulus sind reich mit Motiven dekoriert, unter denen man das Idol, die Axt, den Haken, den Bogen, die Schlange und des hornförmige Symbol erkennt.

Petit-Mont.

Bibliographische Hinweise

Bailloud (Gérard), Boujot (Christine), Cassen (Serge), Le Roux (Charles-Tanguy), *Carnac, Les premières architectures de pierre*, Paris, CNMHS/CNRS, coll. "Patrimoine au présent", 1995.

Briard (Jacques), *Les mégalithes de l'Europe atlantique...*, Paris, Errance, 1995.

Giot (Pierre-Roland), L'Helgouach (Jean), Monnier (Jean-Laurent), *Préhistoire de la Bretagne*, Rennes, Ouest-France, Université, 1979.

Lecornec (Joël), *Le Petit-Mont, Arzon, Morbihan,* Documents archéologiques de l'Ouest, Rennes-Arzon, 1994.

Le Roux (Charles-Tanguy), *Gavrinis et les Iles du Morbihan ...*, Paris, Ministère de la Culture, coll. "Guides archéologiques de la France", 1985.

L'Helgouach (Jean), *Locmariaquer*, Paris, Éditions Jean-Paul Gisserot, 1994.

Mohen (Jean-Pierre), *Le monde des mégalithes*, Tournai-Paris, Casterman, 1989.

Id, *Les Mégalithes, Pierres de mémoire*, Paris, Découvertes Gallimard, 353, 1998.

Riskine (Anne-Élisabeth), *Carnac, l'armée de pierres*, Paris, Imprimerie nationale, 1992.

Sellier (Dominique), La morphologie des menhirs de Kerlescan, *Revue archéologique de l'Ouest*, p. 83-97, 1991.

Id, *Mégalithic remains in Britain and Brittany*, Oxford, 1978.

Thom (Alexander), Thom (A.-S.), *La Géométrie des alignements de Carnac. Métrologie et astronomie préhistoriques*, université de Rennes, travaux du laboratoire « Anthropologie – Préhistoire – Protohistoire – Quaternaire armoricains », 1977.

Im Andenken

an Jean L'Helgouach und Jacques Briard, Spezialisten der amorikanischen Megalithen.

Danksagung

Charles-Tanguy Le Roux, Gérard Bailloud, Serge Cassen, Christine Boujot, Joël Lecornec, Jean Guilaine, Anne-Élisabeth Riskine, André Cariou, Emmanuel Couet, Raymond Lachat, Annie Fortune.

Illustrationen

Umschlag
Vorderseite: Sonnenaufgang über den Alignements von Kermario.
Rückseite: „Table des Marchand" in Locmariaquer.
Äussere Klappen: Eingepickte Zeichen auf einer Platte des Dolmen „mané er Hroek" in Locmaria quer (Details).
Rundgang Seite 48
Stich aus „La création de l'homme" von Henri du Cleuziou, 1887
Zeichnungen und Aufzeichnungen
Pol Eger: 36, 41, 50, 58o; Jean-Pierre Mohen: 44, 58u, 59, 60-61, Zeittafel.

Fotoverzeichnis

Arthephot/A.-F. Kersting: 37; Arthephot/P. Salou: 29; bibliothèque municipale, Rennes: 10-11, 12, 14-15; J. Briard: 38m, 47; J.-L. Charmet: 6ol, 9o, 24, 25; CMN, P. Berthé: Vorderseite, 1u, 4, 6or, 6u, 17, 20r, 31u, 33u, 34-35, 38m, 39, 41, 46, 48, 50o, 51, 52, 54, 55u, 57o, 59-60, 62o, 63o1, D. Chenot: 50u, P. Pitrou: 23u, M. Rapilliard: 56o, B. Renoux: 49u, 56u, 57m und u, 62u, 63o2, É. Revault: 57o; Musée de Préhistoire, Carnac: 20l, 32o /reprod. Ph. Berthé: 13, 21, 38o; Reser. Rechte: 1m, 5u, 16, 26-27u, 40ul, 42, 43, 45o, 53; éditions d'art Jack, Louannec: 5o; éditions Jos Le Doaré: 1. Aussenklappe, 40or, ol und ur, 55o; C. Huyghens: 30; J.-M. Labat: 28m, 32m, 33o; A. Leclaire: 50m; Le Cornec: 63u; Le Doaré archives: 18-19; Médiathèque de l'architecture et du patrimoine, Archives photographiques/reprod. CMN: 1o, 2-3, 8o, 26o, 27o; J.-P. Mohen: 28o, 38u, 61; Musée d'Archéologie du Morbihan, Vannes: 22-23o/Y. Boëlle: 28u/G. Hersant: 32u; L. Robin, Quimper: 7; Roger-Viollet: 8-9u; M. Schaffner: Rückseite; Scope /Bernard Galeron: 44-45u, 63m.

Centre des monuments nationaux
Präsidentin
Isabelle Lemesle
Generaldirektor
Fabrice Benkimoun

Éditions du patrimoine
Verantwortlicher der Herausgabe
Clair Morizet
Stellvertretende Verantwortliche der Herausgabe
Karin Franques
Verantwortliche der Reihe
Alix Sallé
Koordinierung der Dokumentation
Cécile Niesseron
Deutsche Fassung und Korrekturlesen
Servit/ Isa Odenhardt-Donvez
Graphische Gestaltung
Atalante/Paris
Layout
Jean-François Gautier
Infographie
Pol Eger
Herstellungskoordinierung
Carine Merse
Klischeeausführung
Scann'Ouest/Saint-Aignan-de-Grand-Lieu
Druck
Néotypo/Besançon, France
Dépôt légal: September 2000
Neudruck: 2004, 2007

Neudruck
IME/Baume-les-Dames, France
April 2011

ISSN: 1159-1722
ISBN: 978-2-85822-385-5